Nós e o Mundo Espiritual

Saara Nousiainen

Nós e o Mundo Espiritual

Aliança

2ª edição, 4ª reimpressão, Março/2018, do 16º ao 18º milheiro
(Edições anteriores 100.000 exemplares por Saara Nousiainen)

TÍTULO
Nós e o Mundo Espiritual

AUTOR
Saara Nousiainen

REVISÃO
Helena Sampaio

DIAGRAMAÇÃO
Felipe Rennó Martins

CAPA
Felipe Rennó Martins

IMPRESSÃO
Graphium Gráfica e Editora Ltda.

FICHA CATALOGRÁFICA

Dados Internacionais de Catalogação na Publicação (CIP)
— Câmara Brasileira do Livro | SP | Brasil —

Nousiainen, Saara.
Nós e o Mundo Espiritual / Saara Nousiainen.
São Paulo : Editora Aliança, 2011.

ISBN: 978-85-88483-58-3 / 208 páginas

1. Espiritismo - Iniciação Espírita 2. Comentários Espíritas
I. Nousiainen, Saara. II. Título.

11-04208 CDD-133.9

ÍNDICE PARA CATÁLOGO SISTEMÁTICO:

1. Romance espírita psicografado : Espiritismo 133.9

EDITORA ALIANÇA

Rua Major Diogo, 511 - Bela Vista - São Paulo - SP
CEP 01324-001 | Tel.:(11) 2105-2600
www.editoraalianca.com.br | editora@editoraalianca.com.br

Sumário

A título de esclarecimento 7
Fé ou razão? 15
Alguém inventou a reencarnação? 20
A pesquisa científica 23
O Consolador 33
Codificação do Espiritismo 37
As leis 40
Reencarnação 44
Vida depois a morte 50
Mundo Espiritual 55
Céu e inferno 60
Espíritos sofredores 62
Mediunidade 67
Obsessão 81
Aborto 87
Ação e reação 91
Características do Espiritismo 98
Por que o Espiritismo surgiu nesta época? 103

Os vícios e os prazeres 110
Doenças 115
Milagres 122
Gólgota e Tabor 126
A Bíblia 133
Que é Deus? 142
Desarmonia 145
Força de vontade 147
Crescimento interior 152
O perdão 159
Caridade 162
A mansidão e a humildade 167
Olhai as aves do céu 171
A prece 176
Humor 184
Inveja 190
Orgulho 195
Doutrina de luz e amor 200
Agenda Mínima para evoluir 202

A título de esclarecimento

Perdoe-me, leitor amigo, por falar algo sobre a minha experiência religiosa. O mesmo, pelo entusiasmo, mas é impossível falar sobre Doutrina Espírita sem vibrar ao encanto que a envolve, a divina beleza das informações que passa ao mostrar a justiça e sabedoria dos mecanismos que regem a vida e a evolução de tudo.

Meu pai era pastor da Igreja Adventista do Sétimo Dia, na Finlândia, onde nasci e, durante minha infância e adolescência (já no Brasil), tentava entender aqueles conceitos que me apresentavam um Deus por vezes injusto e cruel, quase sempre irado e nem sempre sabendo o que fazer.

Na verdade estes e outros enfoques encontrados na Bíblia, que é tida como a palavra de

Deus, me deixavam perplexa. Perguntava a mim mesma sobre o porquê de tantas diferenças entre as pessoas, não só em termos de sofrimentos e oportunidades, mas também de temperamento, natureza, grau de inteligência etc... e concluía: se a Bíblia diz que Deus é sábio, Todo-Poderoso, justo e bom, não dá para entender porque faz uns nascerem com boa índole, sentimentos de religiosidade, conduta firmada na ética e outros valores, sendo candidatos naturais ao Céu, e outros com má índole, desonestos, agressivos, perversos... perfeitos candidatos ao inferno.

Outra questão que me afligia era a dos escolhidos, pois não conseguia aceitar tamanha parcialidade da parte de Deus ao escolher (dentre os seus filhos) uns para o bem e a felicidade e outros para o mal e o sofrimento, da mesma forma como escolhera o povo israelita para ser o Seu povo, com direito a destruir todos que estivessem em seu caminho, por mais inocentes, puros e dignos que fossem.

Também não conseguia entender como alguém que se diz justo e bom poderia criar seres imperfeitos, com tendências negativas, para depois atirá-los a sofrimentos eternos; arrancar dos braços das mães seus filhos pecadores para lançá-los no inferno. Como essas mães iriam sentir-se no céu, sabendo que aqueles a quem mais amam estão nos mais tenebrosos sofrimentos, sem direito sequer a uma nova chance... e tudo isto pela eternidade afora? Isto me parecia uma monstruosidade que jamais poderia ser praticada por um ser superior.

Lendo a Bíblia, como fazia desde pequena, percebia inúmeras contradições e absurdos que não tinha coragem de comentar, mas por vezes perguntava a mim mesma quem poderia me garantir ser ela realmente a palavra de Deus? Não seria apenas um livro que narra a história de um povo muito religioso, no Velho Testamento, e a grandiosa história de Jesus, no Novo, com todos os seus ensinamentos, verdadeiro código de ética? Lembrava das passagens do Velho Testamento em que Deus teria mandado os israelitas, ao invadirem alguma nação, matarem tudo que tivesse vida, menos as virgens, para servirem de "diversão" aos soldados, quando o mesmo Deus, nos 10 mandamentos proibia matar; e quando dizia que Deus habitava nas tendas e se comprazia com o cheiro do sangue dos sacrifícios, e tantas outras semelhantes.

Mas esses questionamentos não arranhavam a fé que eu tinha em Deus, sua justiça, sabedoria e amor, porque tinha a íntima convicção de que havia verdades que um dia conheceria e que iriam conciliar a fé com a razão, com o bom senso.

De fato, quando contava dez ou onze anos, um dos meus irmãos que estudava em S. Paulo, foi visitar-nos no Paraná. Falei-lhe então sobre aqueles questionamentos que me estavam angustiando, ao que respondeu: "Maninha, eu estou estudando o Espiritismo. Ele diz que vivemos muitas vidas e que somos hoje o resultado do que fizemos nas vidas passadas".

Meu Deus!!! Ali estava a resposta, a explicação lógica, límpida e cristalina para tantas contradições, geradoras de tamanhos conflitos. E vibrei de alegria porque entendi, senti, que era verdade. Decidi então que, ao ficar adulta, iria estudar o restante dessa doutrina para ver se casava com as ideias que eu tinha sobre a vida, dentro dos critérios de justiça, amor e sabedoria do Criador.

Depois de adulta, casada com um homem que zombava da religião, não havia clima para cumprir a promessa que fizera a mim mesma com relação ao Espiritismo, mas ele veio a nós num momento único em que poderia haver abertura da parte de meu marido e, então, comecei a ler sobre o assunto. Abri o primeiro livro, *O que é o Espiritismo,* de Allan Kardec, contendo perguntas e respostas. Li a primeira pergunta e fechei o livro, dizendo a mim mesma: "Se as coisas são como eu acho que deveriam ser, a resposta deve ser mais ou menos assim..." Reabri e li a resposta, exatamente como eu achara que deveria ser. Procedi da mesma forma até o fim e as respostas sempre se casavam e mesmo superavam de muito o entendimento que eu tinha sobre como deveriam ser os mecanismos da vida e as leis de Deus.

Continuei lendo as demais obras de Kardec e outras de teor científico, tais como *Fatos Espíritas,* do eminente cientista inglês Sir William Crookes, descobridor, d'entre outras, do tálio, membro da Real Academia de Ciências de Londres, que, depois de quatro anos dedicados à pesquisa dos fatos espíritas, teve de aceitar a realidade, proclamando a seus pares a sua autenticidade desses fatos, dizendo: "Não digo que isso seja possível; afirmo que isso é uma verdade".

De início, as ideias reencarnacionistas me fizeram exultar, ao descobrir como tudo podia ser explicado e entendido racionalmente, dentro dos mais perfeitos conceitos de justiça, sabedoria e amor. Entretanto, o temor a Deus, aos castigos divinos, caso aquelas ideias fossem realmente procedentes de Satanás, conforme afirmava meu pai com toda sua bagagem teológica, deixava-me angustiada. Às vezes um terrível medo de estar cometendo horrendo pecado, queria apoderar-se de mim, mas, quando isto acontecia, dirigia a alma aflita ao Criador, em súplica, e então subia das profundezas do meu Espírito uma grandiosa sensação de paz, um maravilhoso estado de bem-estar e a convicção serena, segura, irrefutável, de que aquelas ideias eram verdadeiras, dentro da lógica e sabedoria universais.

Aos poucos uma compreensão maior foi crescendo em mim e, com ela, uma esfuziante alegria ao começar a mudar as antigas ideias sobre um Deus a quem se deve temer, pela convicção de que Ele é realmente sábio, justo e nos ama, e que, assim, é possível amá-Lo e admirá-Lo intensamente... sem temê-Lo. E, nessa alegria pude perceber como Deus nos fala pelos canais interiores do nosso Espírito, quando não nos encontramos acorrentados a dogmas.

Estudar Espiritismo e militar nas atividades espíritas representou um caminho de contínuas descobertas, tanto através de leituras, quanto de observações e experiências próprias. E então, aquele sentimento de religiosidade que em mim sempre fora muito forte, pôde finalmente casar-se com a razão, juntando mente e coração, estabelecendo os parâmetros de uma vida mais plena, com paz e harmonia interior.

Fé ou razão?

Allan Kardec definiu o Espiritismo como:

"A ciência que estuda a origem, a natureza e o destino do espírito e suas relações com o mundo corpóreo".

Pedimos ao caro leitor para limpar a mente de quaisquer ideias preconcebidas, a fim de que esta leitura seja feita com absoluta isenção de ânimo, sem qualquer tipo de preconceito, mesmo porque qualquer discussão filosófica ou científica jamais será autêntica, se fluir sobre ideias ou conceitos preestabelecidos.

As teses espíritas têm sido envolvidas, desde a sua codificação, numa aura de superstição e misticismo pelos que as desconhecem e/ou têm interesse em assim agir. No entanto, e, apesar de tudo, são conceitos que vêm se impondo pela força de sua própria realidade.

Por que então tanta rejeição a estas ideias?

É fácil entender. Se em todas as épocas, na caminhada da ciência, houve sempre momentos de granítica rejeição a novas ideias, principalmente quando vinham desestruturar antigos paradigmas, agora não poderia ser diferente.

Por que a mídia não divulga o que a ciência vem confirmando com relação a diversos conceitos espíritas?

Porque só lhe interessa o que "dá ibope". Quando se trata de fenômenos ela está a postos, mas cuida de ignorar o que há por trás deles, por serem informações que fatalmente mudariam os mais importantes paradigmas do mundo cristão. Além disso iriam contrariar forças extraordinárias, tais como, ideias enraizadas no psiquismo coletivo ocidental e as próprias estruturas das organizações religiosas.

No entanto, quantas pessoas fogem de suas religiões pelos entrechoques da fé com a razão, mas não conseguem deixar de ver Deus na grandiosidade do universo, senti-Lo na imensidão dos oceanos, na figura assustadora das cordilheiras geladas, assim como nas coisas mais singelas como o ordenado labor das formigas? Só lhes falta a explicação correta sobre todos esses mecanismos para que a razão possa juntar-se à intuição e abrir-se à plenitude da fé, sem perplexidades ante as incoerências até então encontradas.

Não é nossa intenção tentar convertê-lo ao Espiritismo, caro leitor, mas colocar à sua disposição conhecimentos que mudam enfoques, dão novos e mais jubilosos objetivos à vida e, acima de tudo, informações e esclarecimento que pacificam a alma com relação a si mesma, à vida e a Deus.

São informações que dão novo alento, novas perspectivas, renovam mentalidades, modificam conceitos, proporcionando infinito bem-estar, já que mostram os justos porquês de todas as coisas, nos perfeitos mecanismos que regem o universo, a vida e a evolução de tudo para patamares sempre mais perfeitos, mais agradáveis, mais belos.

Não se trata de alguma nova religião, nascida da cabeça de alguém, mas conhecimentos que foram trazidos por Espíritos evoluídos através da mediunidade e codificados por Allan Kardec a partir da metade do século dezenove.

Se pensarmos a questão religiosa com mais liberdade mental, sem preconceitos, podemos concluir que o futuro das religiões está na religiosidade e não nos formatos religiosos, mesmo porque é óbvio o fato de não existir uma religião certa, verdadeira ou legítima, porque nas centenas de religiões existentes há sinceridade, há verdade, há Deus, mas com interpretações distintas. Não se pode então dizer que tal ou qual é a verdadeira. Todas o são, desde que sua meta seja a busca do divino e com ela, o crescimento interior do ser.

Jesus ensinou o código de conduta adequada a toda a humanidade, e a Doutrina Espírita esclarece quanto aos mecanismos da vida e da evolução.

Não há hierarquias no Espiritismo. Para que intermediários entre a criatura e o Criador, intermediários esses tão imperfeitos quanto os demais? Nos ensinos de Jesus Ele sempre colocou cada qual como o único responsável por si mesmo, não por graças de qualquer natureza, mas tão-somente pelas atitudes, omissões e ações vivenciadas no cotidiano.

O Espiritismo, com sua formidável lógica, pode ser considerado também a ciência do bem viver.

Alguém inventou a reencarnação?

Se a teoria da evolução através da reencarnação foi inventada por alguém, como dizem, quem a inventou? Foi Satanás? Foram seres humanos?

Se foi Satanás, ou mesmo seres humanos, então eles seriam bem mais sábios e teriam mais elevado senso de justiça e de amor do que Deus.

Por quê?

Porque as explicações reencarnacionistas mostram a vida, o universo e os seres vivos sendo regidos por mecanismos incrivelmente sábios e justos. Por essa tese cada criatura racional é responsável por si mesma, pelo próprio crescimento como ser cósmico, partícipe da vida, dos tesouros que estão à disposição de todos, desde os intelectuais, artísticos, culturais, até os afetivos e todas sempre recebendo novas e renovadas oportunidades de reajuste ante as leis maiores, podendo resgatar suas faltas e liberar-se dos pesos conscienciais, de forma legítima.

De outro lado, temos as teses das religiões que se guiam pela Bíblia, tendo-a como a palavra de Deus, interpretada ao pé da letra. Por elas o sistema regente da vida é terrivelmente injusto, cruel e pouco criativo. Concebem um Deus todo envolvido com o cotidiano humano, interesseiro e facilmente enganável, além de parcial, tirano, sádico, cruel e incompetente, por não saber conduzir suas criaturas por caminhos mais justos de crescimento e aperfeiçoamento. No livrinho *Temor a Deus* comentamos isto mais detalhadamente e mostramos onde se encontram todos esses enfoques no corpo da Bíblia.

Mas quando entendemos Deus como a causa primária de todas as coisas, a soberana inteligência, justiça, sabedoria e amor, como no-lo colocou Jesus e como o bom senso nos indica, não podemos deixar de crer na reencarnação e na lei de causa e efeito. Não fosse assim, teríamos de concluir que existem seres mais inteligentes, mais competentes e criativos, com mais elevado senso de justiça e amor do que Deus, seres esses que teriam inventado os mecanismos da reencarnação e a lei de ação e reação.

Será possível existir alguém melhor e mais competente do que Deus?

Se existe, esse alguém terá de ser, forçosamente, superior a Ele. Isto favorece a teoria de que Jeovah seria o Espírito responsável pela evolução do povo israelita, considerado por este como o próprio Deus, conforme detalhamos no citado livrinho *Temor a Deus*.

A pesquisa científica

Como a finalidade deste livro é principalmente informar e não exatamente, convencer, sugerimos aos leitores que quiserem conhecer melhor a pesquisa científica dos fatos espíritas desde a metade do século dezenove, a buscarem essas informações na extensíssima bibliografia que há sobre o assunto, principalmente na mais recente.

Para facilitar, podemos, dentre outras, citar as seguintes pesquisas:

Cientistas ex-soviéticos, demonstrando com a fotografia kirliana que possuímos mais dimensões do que supúnhamos;

Equipe do Dr. Ian Stevenson, Diretor do Departamento de Psiquiatria e Neurologia da Escola de Medicina da Universidade de Virgínia (EUA) que na década de 60 já havia investigado mais de 600 casos, pesquisas essas publicadas no livro *VINTE CASOS SUGESTIVOS DE REENCARNAÇÃO*. Em 1997 publicou em dois tomos, contendo 2.500 páginas (ainda não traduzido para o português) *BIOLOGY AND REINCARNATION*, tendo como base pesquisas sobre marcas de nascença. Nesse livro Dr. Stevenson afirma que **até o ano 2010 a ciência concluirá que a reencarnação é lei biológica;**

Equipe do Professor H. N. Banerjee na Universidade de Jaipur, Índia, sobre reencarnação, com mais de 3000 casos catalogados;

O físico francês Dr. Patrick Drouot, com suas pesquisas sobre o fenômeno da reencarnação à luz da física moderna;

Dr. William Croockes, citado anteriormente, sobre materializações de Espíritos.

Dr. Robert Crookal, autoridade mundial em Experiências Fora-do-Corpo, afirmando a existência dos corpos espiritual e etérico;

Drs. Carlis Osis e Ingo Swann com notáveis experimentos em viagens astrais, ou Experiências Fora-do-Corpo;

Equipe do médico Dr. Raymond Moody Jr., nos EUA, sobre EQM (Experiências de Quase Morte), nas quais o paciente desdobra-se para uma outra dimensão, da qual observa o próprio corpo e relata fatos dos quais não poderia ter tomado conhecimento através dos sentidos físicos;

Instituto Brasileiro de Pesquisas Psicobiofísicas de S. Paulo, sobre Modelo Organizador Biológico (corpo espiritual), reencarnação e poltergeist;

O neurologista, Dr. Núbor Facure, em pesquisas sobre a neurofisiologia da mediunidade;

Dra. Barbara Ann Brennan, cientista pesquisadora da NASA, Mestrado em Física Atmosférica, com seus estudos e experiências no campo da energia humana e no conhecimento dos corpos sutis do ser, relacionados com enfermidades e curas, com diversas publicações como, por exemplo, *MÃOS DE LUZ*;

Em vários países da Europa, nos EUA e também no Brasil, a TCI – Transcomunicação Instrumental, ou seja, comunicação de Espíritos através de aparelhos eletrônicos;

Inúmeros profissionais da saúde, como por exemplo os Drs. Morris Netherton, Bryan Weis, Edith Fiori, Denys Kelsey, sobre regressão de memória a vidas passadas;

No Brasil, instituições como o INTVP, a ABEPTVP, SBTVP assessorando e preparando profissionais da saúde para trabalharem com regressão terapêutica a vidas passadas;

Universidades, como a de S. Paulo (USP), incluindo em seu currículo o curso de Medicina e Espiritismo – Integração Cérebro, Mente, Corpo e Espírito;

E ainda, a contribuição da Associação Médico-Espírita de S. Paulo em seus mais de 30 anos de existência, com a realização de Congressos, Seminários e Jornadas voltados para as questões da saúde sob ótica espírita, como por exemplo:

- Interação Cérebro-Mente - Dr. Nubor Facure.*
- As Operações Espirituais - Dr. Ary Lex.
- Universo dos Fenômenos Paranormais e Mediúnicos - Dr. Valter da Rosa Borges.
- As Bases Neurológicas das Atividades Espirituais - Dr. Nubor Facure.
- A Física Moderna e o Espiritismo - Dr. Ney Prieto Peres.
- Evolução do Sistema Nervoso e Funções Neuropsíquicas - Dra. Irvênia Di Santis Prada.
- Ação do Espírito sobre o Sistema Imunológico - Dr. Sérgio Felipe de Oliveira.*
- Kirliangrafia - Dr. Wilson Pikler.

- Tratamento Bio-Psíquico-Espiritual - Dr. Jaider Rodrigues de Paulo.
- Regressão de Memória para fins terapêuticos - Dra. Maria Julia Prieto Peres.*
- TCI (comunicações dos Espíritos através de aparelhos eletrônicos) e a Física Moderna - Dr. Ney Prieto Peres.
- Psicografia à Luz da Grafoscopia - Dr. Carlos Augusto Perandréa* - comprovando através da grafoscopia a escrita de Espíritos, através de médiuns (psicografia).
- Física Moderna e o Novo Paradigma - Dr. Valdyr Rodrigues.
- A Síndrome da Personalidade Múltipla - Hermínio C. Miranda.
- Limites entre Processo Obsessivo e Doenças Mentais - Dr. Jorge Andréa.*
- Corpo Espiritual e sua Natureza - Dra. Alcione Rebelo Novelino.

- Neurofisiologia – Estados Alterados de Consciência - Dr. Fernando Luiz de Azevedo Rabelo.*
- Epífise: Glândula da Vida Mental - Dra. Marlene Rossi Severino Nobre.
- As Funções Verticais do Cérebro - Dr. Sérgio Felipe de Oliveira.
- Bioenergia e corpo energético, de interação físico-extrafísico. Fonte do mapeamento da acupuntura - Dr. Samuel de Souza.*
- Ectoplasma: aspectos teóricos e práticos - Prof. Dr. Matthieu Tubino.*

Há ainda, a coleção de livros intitulada *Aprendendo sobre o Espírito*, da autoria de Flávio Távora Pinho. No primeiro volume (com o subtítulo "Ciência"), o autor apresenta as pesquisas científicas que têm sido realizadas até hoje, com breves históricos sobre os pesquisadores e seus trabalhos. O segundo volume é sobre o desenvolvimento do pensamento religioso, assim como, das ideias espíritas ao longo do tempo, num extraordinário trabalho de pesquisa, apresentando igualmente os mais importantes vultos na área dos fenômenos mediúnicos e os fundamentos da doutrina espírita. O terceiro volume trata da questão da mediunidade e da paranormalidade.

Távora, durante os cursos que fez nos EUA e na Inglaterra, como Coronel-Aviador da FAB, teve oportunidade de inteirar-se de pesquisas realizadas naqueles países, conhecimentos esses que lhe deram o suporte necessário para escrever as citadas obras.

* Dr. Nubor Facure - Médico Neurologista. Fundador e Diretor do Instituto do Cérebro da UNICAMP – Universidade de Campinas-SP.
* Dr. Sérgio Felipe de Oliveira - Médico, Pós-graduado do Instituto de Ciências Biomédicas da Universidade de S. Paulo

(USP). Diretor Clínico do Pineal-Mind Institute, de S. Paulo. Diretor de Dep. de Saúde Mental da AME-SP – Ass. Médico-Espírita de S. Paulo.

* Dr. Jaider Rodrigues de Paulo - Médico, Pós-graduado em Psiquiatria. Diretor Médico do Hospital Espírita André Luiz.
* Dra. Maria Julia Prieto Peres - Médica Psiquiatra. Vice-Diretora do INTVP – Inst. Nacional de Terapia de Vivências Passadas.
* Dra. Marlene R. S. Nobre - Médica ginecologista. Especialização na área de Psiquiatria da Infância e da Juventude. Presidente da AME-SP
* Dr. Carlos Augusto Perandréa - Perito Judicial especializado em grafoscopia.
* Dr. Jorge Andréa dos Santos - Médico Psiquiatra, autor de vários livros. Dedica-se ao estudo científico da paranormalidade e psiquiatria.

* Dr. Fernando Luiz de Azevedo Rabelo- Médico psicoterapeuta do Hospital Miguel Couto - RJ.

A melhor e mais bela das realidades é o amor. É também a essência dos ensinamentos de Jesus. Quem ama verdadeiramente, constroi em torno da própria personalidade um poderoso campo magnético, que o protege de inúmeros males.

Sugestão:

Sempre que lembrar, imprima em seu corpo e alma um sentimento de fraternidade por tudo e todos. Acrescente o contentamento, que é um verdadeiro elixir de vida a nos preservar de muitos males, ajudando a vencer a depressão.

O Consolador

A Doutrina Espírita relembra os ensinos do Mestre ao mundo cristão, que os distorceu ao apoiar-se na premissa de que o sangue de Jesus ou as práticas religiosas salvam o pecador.

*O que o Mestre pregou, no entanto, foi a necessidade do aperfeiçoamento moral, que se expressa na conduta ("**Sede perfeitos,** como perfeito é o vosso pai celestial", "A cada um de acordo com suas obras" etc. Mat. 16:27, I Pedro, 1:17, Jer. 17:10);*

As informações e esclarecimentos que o Espiritismo oferece não conflitam com os ensinamentos de Jesus, muito ao contrário. É claro que naquela época Ele não poderia dar explicações sobre reencarnação, as leis da evolução, de ação e reação etc., porque não O entenderiam, mas prometeu enviar o Espírito de Verdade, no devido tempo, para **dizer toda a verdade** e **relembrar** ao mundo os seus ensinamentos.

Dizem algumas religiões cristãs que o Consolador, o Espírito de Verdade, teria vindo no Pentecostes. Mas no Pentecostes não se justificava alguém vir **dizer toda a verdade,** posto que Jesus já havia dito tudo o que a humanidade daqueles tempos poderia suportar, conforme Ele próprio afirmou. Além disso, no Pentecostes não houve qualquer revelação. Também não havia motivos para alguém vir **relembrar** os ensinamentos do Mestre, porque estes estavam ainda muito vivos nas mentes e corações dos seus seguidores.

Mas no século XIX esses ensinamentos já estavam muito esquecidos pelos cristãos quando o Espírito de Verdade veio, através da mediunidade, **relembrá-los**, trazendo ainda todas aquelas informações e explicações que Jesus não pudera dar naquela época, quando não poderiam entendê-Lo. Agora, porém, em outros níveis de conhecimento e depois de tantos séculos de cristianismo, a humanidade já estava madura para receber mais esclarecimentos sobre a vida e os mecanismos da evolução.

Também o título, Consolador, ajusta-se como luva ao Espiritismo. Há consolo maior que saber que os nossos entes queridos que morreram não estão mortos, mas vivos, continuando sua evolução numa outra dimensão de vida e que, eventualmente, poderão até mesmo comunicar-se conosco através da mediunidade? Há consolo maior do que saber que ninguém irá para o inferno sofrer pela eternidade afora; que os nossos entes mais caros, que "não aceitaram Jesus" nesta vida, não estão perdidos por causa disso? E aos que carregam terríveis pesos na consciência só pode haver consolo se informados de que poderão um dia consertar o mal que fizeram, nem que seja numa futura encarnação.

O ***sentimento fraterno*** *tem o poder de*
relaxar, eliminar estresse e possibilitar melhor
circulação de energias no organismo.
Equivale a saúde e bem-estar.

Os ensinamentos de Jesus
eram de tão elevada moral
que irritaram a muitos
dos que O ouviam.
Outros O seguiam por causa das
curas, dos milagres...
Poucos conseguiam sintonizar
verdadeiramente com Seu
luminoso pensamento e
d'Ele haurir energia e disposição
para mudarem suas vidas,
seguindo-lhe os passos...

Codificação do Espiritismo

A história da Terra mostra que tudo nela está em permanente evolução.

Antigamente ofereciam-se sacrifícios humanos aos deuses. Era a mentalidade da época, mas que foi mudando com o lento progresso da humanidade, cedendo lugar a ideias mais civilizadas.

O cristianismo trouxe novas luzes ensinando amor, perdão e mansidão numa época em que violência, ódio e vingança faziam parte da natureza do homem.

Será que hoje, na era da ciência e da tecnologia o pensamento religioso deve permanecer no mesmo formato em que veio à luz, há dois milênios?

Na metade do século XIX Allan Kardec (pseudônimo do sábio francês Hippolyte Lèon Denizard Rivail, colaborador de Pestalozzi, professor de química, física, matemática e astronomia, autor de diversas obras didáticas adotadas pela universidade da França, membro de várias academias de sábios (inclusive da Academia Real D'Arras) codificou a Doutrina Espírita, que trouxe novos e mais amplos conhecimentos sobre a vida, o universo e as leis que a tudo regem.

Foram os Espíritos Superiores (através de diversos médiuns), sob a supervisão do Espírito Verdade, que trouxeram essas informações e esclarecimentos, respondendo a perguntas feitas por Kardec, e essas perguntas e respectivas respostas estão enfeixadas em *O Livro dos Espíritos*, que foi publicado em Paris, em 18 de abril de 1857. Em seguida vieram a lume *O Livro dos Médiuns*, *O Evangelho segundo o Espiritismo*, *Céu e Inferno* e *A Gênese*. Esses cinco livros formam a codificação da Doutrina Espírita.

São informações e esclarecimentos que mostram a vida e a evolução por um ângulo mais amplo, cujos mecanismos são verdadeiramente justos, sábios e perfeitos, e que se casam com tudo o que experienciamos em nosso cotidiano; eles nos dão paz, serenidade, esperança e consolo.

A Doutrina Espírita nos ensina uma conduta mais saudável para a mente e o corpo e uma ética de vida mais compatível com nossas necessidades evolutivas; ela abre diante da nossa curiosidade e sede de saber, um universo infinito de novos conhecimentos. É como redescobrir a vida sob novos e maravilhosos enfoques, sob novas cores e perspectivas.

As Leis

Nossa humanidade pode ser comparada a uma criança. Quando pequena, os pais lhe ensinam várias regras de conduta: não pode bater no irmãozinho, não deve tirar nada dos outros, não deve quebrar as coisas, nem botar o dedo na tomada; não deve dizer nomes feios etc. Se não obedece, os pais a castigam, a fim de corrigi-la.

Ao crescer mais um pouco a criança já começa a seguir aquelas regras para fugir aos castigos, ou para agradar aos pais, por amor a eles.

Ao atingir a idade adulta, porém, já passa a guiar-se pelas leis comuns, não mais por temer castigos ou para agradar aos pais, mas por compreender que esse é o seu dever; que as leis existem para resguardar seus próprios direitos e preservar os alheios.

Na infância da humanidade a administração espiritual da Terra enviou Moisés, que recebeu no monte Sinai os Dez Mandamentos e criou uma série de leis muito severas, próprias para educar aquele povo orgulhoso e indisciplinado.

Com medo dos castigos divinos os seguidores de Moisés, ou seja, os israelitas, cuidavam de obedecer e, dessa forma, iam se acostumando à ideia de que não deviam matar nem roubar; que deviam respeitar as coisas sagradas, adorando apenas a um Deus; que precisavam respeitar e honrar a seus pais, cuidar da higiene pessoal e da comunidade, não deviam mentir, nem prejudicar o próximo, e assim por diante. Eram as leis da DISCIPLINA, a Primeira Revelação trazida àquela parcela da humanidade.

Quando já haviam assimilado as ideias de justiça e disciplina veio Jesus, o Sublime Espírito, trazendo a lei do AMOR, a Segunda Revelação.

Os homens começaram então a aprender que deviam amar Deus sobre todas as coisas e ao próximo como a si mesmos; ser mais tolerantes, mais humildes e mansos, aprendendo a perdoar todas as ofensas.

Essas ideias espalharam-se então pela Terra à luz do Evangelho, crescendo nos corações das pessoas e, hoje, a humanidade, já mais amadurecida, está capacitada a compreender e adotar a lei do DEVER, cujo conhecimento foi trazido à Terra por Allan Kardec, na metade do século XIX, com a codificação da Doutrina Espírita, ou seja, a Terceira Revelação.

Essa Doutrina veio ensinar que, para nosso próprio bem, devemos obedecer às leis divinas, porque tudo o que fazemos é semente que plantamos, e cujos frutos teremos de colher. Se agimos de acordo com essas leis, amando a Deus e ao próximo, respeitando seus direitos, assim como a própria vida, vamos colher felicidade, saúde e bem-estar, tanto nesta, quanto nas futuras encarnações. Mas se agimos em desacordo com elas, iremos responder por nossos atos.

O Espiritismo nos diz e prova que Jesus não foi apenas o mártir da cruz, mas acima de tudo o Grande Cientista que veio ensinar a ciência do bem viver.

OBS. Quando falamos na evolução através do Evangelho não queremos excluir religiões que adotam outros modelos, mesmo porque Deus sempre enviou à Terra Espírito Superiores com a missão de ensinar uma ética de vida que não é apenas de Jesus, porque é lei cósmica.

Conheça mais sobre estes assuntos lendo:

O Livro dos Espíritos.

Ele que contém 1.018 perguntas feitas aos Espírito Superiores e as suas respostas, além dos comentários de Allan Kardec.

Reencarnação

"Nascer, viver, morrer, tornar a nascer e progredir sempre, tal é a lei"(Kardec).

Há quase dois mil anos quando Jesus vivia na Judeia pregando o Evangelho e curando enfermos, certo dia um "Doutor da Lei" chamado Nicodêmus procurou-o para perguntar:

— Mestre, o que preciso fazer para merecer o Reino do Céu?

— É preciso que nasças de novo – respondeu Jesus.

— Mas como? – perguntou Nicodêmus bastante espantado. E continuou: é possível a um homem já velho retornar ao ventre de sua mãe, para nascer outra vez?

Jesus tornou a lhe dizer:

— Em verdade, em verdade te digo que se não nasceres de novo, não verás o reino de Deus.

Falando em nascer de novo o Mestre, sem dúvida, referia-se à reencarnação, ou seja, que todos nós nascemos, vivemos e morremos; passamos maior ou menor tempo no mundo espiritual e voltamos a nascer em um novo corpo.

Ele disse também: "Sede perfeitos como perfeito é o vosso Pai celestial". Essa perfeição, entretanto, só é possível de ser alcançada através de incontável número de encarnações. A natureza não dá saltos e a obra da evolução é lenta, embora possamos acelerar nosso crescimento interior, através de um maior esforço nesse sentido.

Tudo no universo evolui, embora lentamente. Tudo caminha em direção ao Pai.

Quando reencarnamos as lembranças das vidas passadas ficam arquivadas em nosso inconsciente. Isto acontece por bondade divina, a fim de nos poupar de lembranças amargas e permitir uma oportunidade inteiramente nova para consertarmos o que tivermos destruído no passado.

Se nos lembrássemos de nossas vidas passadas, como poderíamos receber por filho alguém a quem prejudicamos ou que nos fez sofrer? Com o esquecimento, porém, os ódios se acabam nos braços de pai e mãe.

Também a morte não transforma a criatura. Quem é mau aqui no nosso espaço físico, continua a ser mau depois da morte; quem é avarento, orgulhoso ou imoral continua do mesmo jeito no mundo espiritual. Ninguém vira santo porque morreu.

Os Espíritos muitas vezes reencarnam nos ambientes e/ou famílias onde viveram. É a oportunidade que Deus lhes dá para refazerem seus caminhos, corrigirem faltas e consertarem o mal que praticaram no passado.

Podem também voltar à Terra em ambientes estranhos. Quem foi mau filho poderá renascer como criança abandonada, para aprender a dar valor à família; quem foi orgulhoso poderá vir em condições de pobreza ou de subalternidade, para aprender a ser mais humilde; quem foi preguiçoso talvez volte à Terra sem saúde, desejando trabalhar, mas sem condições físicas para tanto; quem usou mal a língua, "levantando falso", estimulando a imoralidade, a violência, a maldade ou a descrença em Deus e na vida, poderá renascer com problemas de fala ou mesmo completamente mudo, por causa do tipo de energia que gerou e acumulou nos órgãos da fala. O mesmo, quanto aos desvios do sexo (prostituição, homossexualismo e as mais diversas perversões sexuais); igualmente aos mais variados vícios que interferem nas condições do corpo espiritual, refletindo-se nas futuras encarnações. Também o suicídio afeta profundamente esse corpo sutil que poderá gerar as mais diversas anomalias no futuro organismo, ao reencarnar.

Isto, aliás, explica inúmeras diferenças existentes entre as pessoas.

Na verdade, todos nós aqui na Terra sofremos por onde erramos. Não como castigo de Deus, mas como recurso necessário ao nosso reajuste e evolução espiritual.

A reencarnação reflete a sabedoria e justiça dos mecanismos da evolução. Os sofrimentos, as dificuldades e as lutas da vida são os grandes professores que nos ensinam a viver e a conviver; são assim como a lixa que vai retirando de nossas almas as arestas das imperfeições, ou como o buril nas mãos do artista, lapidando o diamante bruto para transformá-lo no mais belo brilhante.

As reencarnações de Espíritos de pouca evolução ocorrem de forma quase automática, dentro dos mecanismos que as regem. Já as de Espíritos mais evoluídos, ou daqueles que trazem missões ou tarefas importantes para o contexto geral, são planejadas com o devido cuidado, desde a elaboração de mapas com todos os detalhes biológicos para a formação do novo corpo, até aos cuidados com seu novo "habitat", tais como, o país, a família e o ambiente onde deverá renascer, as condições de vida que terá, assim como o necessário para o melhor cumprimento da tarefa.

Vida depois da morte

Há vida depois da morte?

As pesquisas científicas indicam que sim, e as religiões também afirmam que, de alguma forma, a vida continua depois desta vida, nem que seja em estado latente, aguardando a ressurreição dos mortos.

Só que aí surge uma questão da mais alta importância: se todos havemos de morrer um dia, como estaremos nesse além da vida? Será que vamos ficar armazenados em algum galpão celestial, aguardando o juízo final? Ou quem sabe, prostrados diante do trono divino, em adoração, pela eternidade afora? Ou talvez sentados à beira de uma nuvem tocando harpa?

Será que uma natureza dinâmica como é a do ser humano iria suportar um estado de inatividade, inócuo e vazio, por toda a eternidade?

São os próprios Espíritos que têm dado as mais completas explicações sobre esse outro lado da vida. Essas informações têm chegado através da psicografia de inúmeros médiuns, nos mais diferentes pontos da Terra e nas mais diversas épocas, através de mensagens, principalmente dirigidas a parentes e amigos, contando como foi a sua passagem para o mundo espiritual e como é esse mundo.

E o mais importante é que essas informações coincidem: o que os Espíritos falam aqui no Brasil, através de médiuns, é confirmado pelo que eles dizem na Europa através de aparelhos eletrônicos.

O portador das mais amplas e detalhadas notícias sobre o mundo espiritual e a vida e atividades dos Espíritos é André Luiz, através de 11 livros que ditou pela psicografia de Francisco Cândido Xavier (Chico Xavier).

André Luiz nos mostra esse outro lado da vida muito parecido com o lado de cá. Há muitas semelhanças. Ninguém fica vagando no espaço como alma penada, nem tocando harpa na beira da nuvem. O mundo espiritual, para os Espíritos, é tão real e dinâmico quanto o nosso mundo físico é para nós.

É por isso que muitos Espíritos não sabem, ou não conseguem acreditar que já morreram. São daqueles que pensam que ao morrer irão para o céu, o purgatório ou mesmo para o inferno, ou então, que a morte irá apagá-los de vez. Mas, ao invés disso, encontram-se quase como antes. Muitos voltam para o lar, para os ambientes do trabalho ou do lazer. Vêem as pessoas, falam com elas, mas as pessoas não lhes dão a menor atenção. Alguns pensam que ficaram loucos, ou que estão vivendo um pesadelo interminável. Muitos assistem ao próprio velório e sepultamento mas não aceitam a ideia de que aqueles funerais sejam os seus.

Uma das atividades dos centros espíritas é o esclarecimento a esses irmãos, chamados de Espíritos sofredores. Eles incorporam-se ao médium e o doutrinador conversa com eles explicando-lhes a realidade. O grupo todo envolve o irmão sofredor em vibrações de paz e amor. É como ele se alivia e consegue melhorar a própria frequência vibratória.

Essa elevação vibratória é necessária para que ele possa ser socorrido e levado para tratamento em local adequado.

Mas há também aqueles que retornam ao mundo espiritual plenamente conscientes do que está ocorrendo.

Quando alguém desencarna (morre) é muito importante que receba vibrações de paz, em vez das manifestações de desespero que normalmente acontecem.

Muitos Espíritos têm relatado através da mediunidade seus dramas, seus sofrimentos e aflições, por causa do desespero e desequilíbrio dos parentes e amigos, após seus desenlaces. Eles dizem que as lágrimas dos entes queridos que ficaram na Terra, suas vibrações angustiadas, chegam a eles com muita intensidade, provocando aflições sem conta.

Por isso, diante da morte a atitude dos presentes deve ser de respeito, serenidade, equilíbrio e, acima de tudo, prece. O recém-desencarnado necessita de muita oração.

O ***contentamento*** *é um elixir de vida, saúde e bem-estar. Previne a depressão e fortalece o sistema imunológico, além de inúmeros outros benefícios.*

Mundo Espiritual

Muitas pessoas depois da sua desencarnação permanecem aqui mesmo na crosta da Terra, nos ambientes onde viveram. Outras conseguem "desligar-se" e são conduzidas ou atraídas para regiões espirituais compatíveis com sua evolução e merecimento. Dessa forma, enquanto algumas seguem para regiões ou faixas vibratórias mais altas, outras ficam na Terra ou vão para as zonas do umbral e até mesmo das trevas.

O umbral, ou os umbrais são regiões espirituais mais próximas da crosta da Terra, onde se localizam Espíritos mais atrasados ou que não mereceram elevar-se a faixas mais altas por causa de suas culpas e/ou omissões durante a vida. São zonas de sofrimentos, desequilíbrios e aflições; algo semelhante ao purgatório da concepção católica.

As trevas, pelo que informam alguns Espíritos, são zonas ainda mais "baixas" e tenebrosas, das quais pouca notícia se tem.

Mas a permanência dos Espíritos nas regiões de sofrimento não é eterna. Sempre que algum deles, sinceramente arrependido de seus atos, implora ajuda a Deus, acaba sendo socorrido pelas falanges de Espíritos que trabalham naquelas zonas de purgação, em nome do amor.

No umbral existem inúmeras dessas instituições que dão atendimento a Espíritos que se desviaram do bem, ou que não quiseram vivenciar, quando na Terra, o grande mandamento: "Ama a Deus sobre todas as coisas e ao próximo como a ti mesmo".

Grande parte dos sonhos reflete a nossa vivência na dimensão espiritual, quando, ao adormecermos, saímos do corpo carnal, embora permaneçamos ligados a ele por filamentos fluídicos, conhecidos como o "cordão prateado".

Há vários tipos de sonhos. Há aqueles em que ficamos flutuando sobre o corpo físico, mergulhados nas imagens do subconsciente ou do inconsciente, revendo acontecimentos recentes e até mesmo cenas de vidas passadas.

Essas imagens geram sonhos que, geralmente, nos parecem sem sentido e até mesmo absurdos.

Há os sonhos produzidos pelas andanças no mundo espiritual. Nessas andanças a nossa ligação com a matéria não nos permite muita lucidez. Por isso, muito do que vemos, a nossa mente, ligada ao cérebro carnal, interpreta de forma distorcida. Também ao acordarmos, quando o cérebro do corpo espiritual se justapõe ao carnal, as imagens que traz na memória se recodificam pelos arquivos do cérebro carnal. Isto porque as condições espirituais são dimensionalmente diferentes das materiais. Por isso os sonhos de que lembramos, são quase sempre estranhos e até mesmo absurdos.

Mas há também aqueles sonhos produzidos pelos Espíritos, bons ou maus, que nos querem passar alguma ideia, avisos, orientações ou nos desejam perturbar.

Muitas pessoas igualmente são levadas a participarem de encontros, cursos, palestras e mesmo de atividades no mundo espiritual durante o sono. Na maioria dos casos nenhuma lembrança guardam ao acordar.

Como se pode perceber, essa outra dimensão não é um lugar de repouso eterno, mas um universo paralelo ao nosso, onde a vida se desenvolve com infinitas possibilidades de aprendizado e progresso, muito além dos limites da nossa compreensão.

Quando começamos a tomar
consciência dos potenciais da
nossa mente, percebemos que também
somos capazes de comandá-la,
de forma a criar e manter os estados de espírito

que desejamos, apesar dos circunstantes
e das circunstâncias.

Sugestão:

Sempre que lembrar (cuidar de lembrar-se sempre) imprimir em si mesmo um sentimento de afetividade e de contentamento.

Céu e inferno

Céu e inferno não existem, na forma como têm sido mostrados pelas religiões. Existe, sim, o mundo espiritual, com as suas diversas faixas ou dimensões vibratórias. Quanto mais elevadas, mais luminosas e felizes. Quanto mais baixas, mais escuras e tenebrosas.

Ninguém chega ao Céu, ou seja, aos planos superiores do mundo espiritual, sem antes aprender aqui na Terra a perdoar, ser pacífico, humilde, fraterno, honesto, justo, desprendido dos bens materiais e, acima de tudo, amar. Da mesma forma, ninguém ascenciona espiritualmente sem adquirir os valores da inteligência e da sabedoria, através do estudo, do trabalho e das lutas e dificuldades do cotidiano.

Sempre que um Espírito, padecendo nas regiões inferiores, arrependido dos maus atos que praticou, pede ajuda a Deus através da prece, essa ajuda lhe chega pelas mãos dos bons Espíritos que trabalham nessas zonas de sofrimento, em nome do Cristo.

Nessas circunstâncias ele é conduzido para alguma das muitas instituições assistenciais que existem naquelas regiões, ou mesmo para colônias como Nosso Lar, tão bem descrito pelo Espírito André Luiz, através da psicografia de Chico Xavier.

Ali, ele aprende a dignificar a vida através do estudo e do trabalho, engajando-se em alguma das muitas atividades que são exercidas pelos Espíritos. Alguns são logo encaminhados para a reencarnação.

Nas colônias espirituais como Nosso Lar existem instituições responsáveis pelas reencarnações, onde são estudados e analisados os processos de retorno à matéria, assim como também é feito o acompanhamento dos casos.

Nós temos o poder de controlar nossos estados de espírito, mediante o comando mental.

Espíritos sofredores

Na escola, ao final de cada período letivo, procede-se a um exame, uma avaliação do aproveitamento que cada aluno teve durante aquela etapa.

A escola da vida planetária também promove avaliações periódicas e uma delas ocorre de forma natural após o desencarne. Por isso dizemos que a morte é o encontro com a verdade. Na dimensão espiritual vamos encontrar o que nós mesmos criamos através das nossas ações e também omissões, quando aqui na Terra.

Toda a nossa existência é regida por leis muito sábias, perfeitas e justas, que sempre nos levam a colher exatamente aquilo que semeamos. Foi por isso que Jesus afirmou: "A cada um será dado de acordo com suas obras".

Essas leis geram os mecanismos de causa e efeito, pelos quais toda ação provoca uma reação. Assim, ao desencarnarmos vamos encontrar na dimensão espiritual condições boas ou más, de acordo com o uso que fizemos dos bens que a vida nos concedeu e com as ações que praticamos.

Há um velho e sábio ditado que diz: "Quem semeia ventos, colhe tempestades". Esta é uma verdade cósmica. Portanto, quando passarmos para o mundo espiritual através da morte, vamos colher exatamente o resultado de tudo o que aqui plantamos. De nada valerão os "pistolões" espirituais, tais como missas, orações, novenas, remissões e outros atos semelhantes, porque toda pessoa responde por suas ações e não há como burlar essa lei; não há como enganar a Deus.

A morte, na verdade, situa cada Espírito para a situação ou faixa vibratória apropriada e merecida. Isto funciona de forma inapelável, pela força da lei das afinidades vibratórias.

As pessoas muito apegadas aos bens terrenos, à casa, aos móveis, ao trabalho, às amizades e curtições geralmente permanecem imantadas aos ambientes onde viveram. Isto é muito prejudicial à sua evolução. O Espírito liberto da carne deve libertar-se também de todas as condições materiais e reiniciar suas experiências, atividades e aprendizados no mundo espiritual, visando sempre seu crescimento interior.

Os Espíritos que não conseguem afastar-se dos ambientes em que viveram também são conhecidos como "sofredores". As mazelas, problemas e doenças que os perturbaram antes de seu desencarne permanecem vivos em suas mentes, projetando-se em seus perispíritos (corpos espirituais). Com isso, eles continuam sentindo as mesmas dores e angústias de seus últimos tempos na Terra.

Ocorre que essas dores, angústias e aflições nutridas pelos "sofredores" repercutem também nas pessoas sensíveis das quais se aproximam, podendo causar-lhes inúmeros transtornos e até mesmo doenças que os médicos não conseguem diagnosticar nem tratar de forma correta.

Por estas e outras razões, quando se suspeita da presença de "Espíritos sofredores", a frequência a um centro espírita é muito importante, porque, além dos esclarecimentos e orientações que ali são ministrados, eles são também devidamente assistidos e encaminhados.

Da mesma forma, quem pratica suicídio sofre muito no mundo espiritual. Há inúmeros relatos de Espíritos ex-suicidas narrando seus sofrimentos verdadeiramente atrozes e, regra geral, de longa duração. É claro que as situações variam de um caso para outro, mas sempre o suicídio representa terríveis sofrimentos a quem o pratica, refletindo-se em suas futuras encarnações.

Os Espíritos suicidas geram uma vibração tão pesada e hipnótica que a sua presença pode até induzir uma pessoa reencarnada a praticar ato idêntico.

Também aquelas pessoas que vivem em desacordo com as leis de Deus, praticando a violência, a avareza, prejudicando o próximo, vivenciando o orgulho, a prepotência e outros valores negativos assim como vícios e maldades os mais diversos, depois da morte irão situar-se em zonas vibratórias compatíveis com seu próprio estado espiritual.

Depois da morte cada qual recebe exatamente o que fez por merecer durante sua vida na Terra. As posições que ocupou não tem qualquer valor no mundo espiritual.

Mediunidade

A mediunidade é um canal entre nós e o mundo espiritual. Podemos iluminá-lo e por essa via receber infinitos benefícios ao nosso Espírito, ou mantê-lo na escuridão, somando sombra com sombra, cujo resultado é sofrimento.

O fato de alguém ser médium não significa que seja uma pessoa diferente, favorecida ou desfavorecida pela vida. Mas todo aquele que comece a sentir sintomas que indicam mediunidade, deve começar a pensar com muita seriedade sobre o assunto.

Não é em vão que os poderes superiores nos dão faculdades mediúnicas. Elas existem para podermos entrar em contato com o mundo espiritual, receber notícias dos que se foram, esclarecimentos sobre a vida nessa outra dimensão, sobre as leis naturais e sobre todos aqueles "porquês" que tanto angustiam a alma humana; elas existem também como instrumentos para a prática do bem, no atendimento a Espíritos sofredores e obsessores, no consolo aos aflitos de toda ordem e para alívio e cura de enfermidades do corpo e da alma.

Além dos esclarecimentos de *O Livro dos Médiuns*, de Allan Kardec, inúmeros Espíritos têm trazido valiosas informações a esse respeito.

Podemos então entender que a mediunidade de tarefa sempre é programada antes da reencarnação. Muitas vezes ela representa uma troca nas formas de resgate kármico. Digamos que um Espírito, conhecendo ou lembrando-se de uma ou mais de suas vidas passadas, nas quais cometeu faltas graves perante a Lei Maior, decide-se a resgatá-las. Entende então, que para acabar com aquele remorso, retirar aqueles "pesos" de sua consciência profunda, precisa renascer na Terra e purgar suas culpas numa existência de grandes sofrimentos ou limitações.

Nessas situações, e quando há merecimento de sua parte, ele pode conseguir uma troca. Em vez de reencarnar com um programa de vida repleto de dores e aflições, irá retornar á matéria trazendo um compromisso de trabalho mediúnico. É a permuta de sofrimentos por uma tarefa de amor. E lembramos, a propósito, que o apóstolo afirmou: "O amor cobre uma multidão de pecados".

Assim, em vez da doença, da penúria, das deficiências físicas ou problemas semelhantes, esse Espírito reencarna trazendo compromisso de trabalho mediúnico, inteiramente gratuito, visando apenas fazer o bem, ajudar o próximo necessitado.

Também é verdade que muitos médiuns sofrem... e muito. Certamente sofreriam ainda mais, não fosse a sua tarefa mediúnica.

Há que lembrar, contudo, que o sofrimento é caminho de evolução; é também instrumento de contenção e equilíbrio. A dor, queiramos ou não, nos preserva de muitas quedas espirituais, e muitas almas valorosas não a dispensam de suas programações reencarnatórias.

Sempre que alguém volta à terra comprometido com tarefa mediúnica, antes de sua reencarnação, os mentores elaboram um planejamento para suas futuras atividades. Eles preparam também seu perispírito, para poder servir, quando na Terra, como intermediário entre os encarnados e os desencarnados.

O futuro médium então renasce e cresce, recebendo cuidados especiais, visando à futura tarefa.

Ao aproximar-se a época em que deve ter início sua atividade medianeira, regra geral, começam a lhe ocorrer coisas estranhas: perturbações as mais variadas, doenças que os médicos não conseguem diagnosticar, acidentes anormais, sensações perturbadoras como arrepios e formigamentos, sonhos esquisitos, pesadelos, dores de cabeça, visão ou audição de

Espíritos, e coisas semelhantes. Nessas ocasiões sempre aparece alguém para dizer que isto pode significar mediunidade, aconselhando que procure um Centro Espírita.

Pois bem, a mediunidade começa a desabrochar no tempo aprazado e quando o médium, obedecendo ao compromisso assumido, procura uma instituição espírita, inicia de forma equilibrada o desenvolvimento de suas faculdades. Nessas circunstâncias passa também a merecer assistência dos bons Espíritos, que irão orientá-lo e ajudá-lo de acordo com permissão superior. Mas, para que possa receber essa ajuda é necessário que se torne merecedor, sendo dedicado, responsável e procurando melhorar as próprias atitudes, a partir dos pensamentos e emoções, tornado-os mais compatíveis com a nobreza de uma tarefa com Jesus.

O médium deve também dedicar-se ao estudo da Doutrina Espírita, da mediunidade e a leituras de elevado teor espiritual, como por exemplo "O Evangelho segundo o Espiritismo" e trabalhar, sem cessar, pela própria evolução ou crescimento interior, porque a conduta reta e o amor universal posto em ação, representam a sua segurança e equilíbrio como medianeiro entre a dimensão material e a espiritual, e é fundamental para elevar a sua frequência vibratória, a fim de situá-lo fora da faixa de sintonia com entidades inferiores.

Nos meios espíritas é onde poderá encontrar maior segurança para suas atividades, porque é onde melhor se conhece e mais seguramente se trabalha no campo mediúnico.

A mediunidade pode ser também uma faca de dois gumes: com Cristo, na caridade mais pura, e sob a direção de pessoas experientes e verdadeiramente fraternas, apresenta-se como ponte de luz entre a Terra e o Céu. Mas quando se propõe ao atendimento a interesses rasteiros, ao ganho de bens, de posições, de influência ou status, ou ainda, a fazer o mal, ela se transforma em canal para Espíritos das sombras com resultados imprevisíveis, mas sempre muito ruins. E o pior ocorre no retorno ao mundo espiritual, depois da morte. Ali, o médium faltoso terá de amargar suas dores, seus remorsos e o resultado de suas ações irresponsáveis ou antifraternas, sem falar em que terá de recomeçar tudo outra vez, e em condições mais desfavoráveis.

Na maioria dos casos, o candidato a médium começa a receber o chamamento para a tarefa e não atende; muitos por medo, outros por acomodação e outros ainda, por causa de suas religiões, pois a maioria delas, sem conhecerem bem o assunto, condenam a mediunidade e a comunicação dos Espíritos.

Mas as suas faculdades começam a aflorar, mesmo assim, no tempo previsto. Só que, pela falta de orientação adequada e pelo não cumprimento da tarefa, do compromisso assumido antes da reencarnação, ela pode transformar-se em canal para as mais diversas perturbações, podendo desembocar em doenças ou em desequilíbrios os mais variados, de consequências imprevisíveis.

É preciso, no entanto, ver que não foram a mediunidade ou o Espiritismo os causadores desses problemas, mas sim, o descaso do próprio médium que deixou de cumprir seus compromissos.

Na verdade, a mediunidade praticada com amor, dedicação e desprendimento é fator de equilíbrio e paz para seu portador. Pode-se dizer também que é a excelsa fonte das mais sublimes alegrias sentidas na Terra, procedentes do Céu.

O médium que cumpre sua tarefa conforme os compromissos assumidos, ao retornar ao mundo espiritual pelas portas da morte é recebido festivamente, como vencedor.

Uma das muitas perguntas acerca da mediunidade é sobre o grau de consciência que o médium tem durante a comunicação espiritual.

Esse grau é variado. Há desde aqueles que permanecem completamente conscientes e donos de suas faculdades físicas e mentais durante uma comunicação, até aqueles outros que nada se lembram do ocorrido. Mas nesses casos eles não perdem a consciência, apenas a memória do que se passou.

Dr. Núbor Facure, médico neurologista, fundador e Diretor do Instituto do Cérebro da UNICAMP-Universidade de Campinas-SP, num trabalho sobre a neurofisiologia da mediunidade, ao referir-se à comunicação mediúnica, diz que "nenhuma mensagem poderá ser totalmente inconsciente, visto que em todas há participação do córtex cerebral do médium e, se por acaso este não se recordar dos eventos que se sucederam durante a comunicação, o esquecimento deve ser atribuído a ocorrência de uma simples amnésia.

Considera-se portanto, que o processo mediúnico transcorre sempre em parceria, com assimilação das ideias do Espírito comunicante e a participação cognitiva do médium. Sendo comum uma amnésia que ocorre logo após a rotura da ligação fluídica (interação de campos de força), entre o médium e a entidade".

Mas, para quem entende que a comunicação com o mundo espiritual é pecado, por ter sido proibida no Antigo Testamento, da Bíblia, perguntamos: por que só aquela proibição é obedecida e não todas as demais? Para melhor esclarecer esta questão vamos transcrever parte de um texto que circulou na Internet:

"Laura Schlessiger é uma personalidade do rádio americano que distribui conselhos para pessoas que ligam para seu show. Recentemente ela disse que a homossexualidade é uma abominação de acordo com Levítico 18:22 e não pode ser perdoada em nenhuma circunstância. O texto abaixo é uma carta aberta para Dra. Laura, escrita por um cidadão americano."

"Cara Dra, Laura:

Obrigado por ter feito tanto para educar as pessoas na Lei de Deus. Eu tenho aprendido muito com seu programa, e tento compartilhar o conhecimento com tantas pessoas quantas posso. Quando alguém tenta defender o homossexualismo, por exemplo, eu simplesmente o lembro que Levítico 18:22 afirma claramente que isso é uma abominação. Mas eu preciso de sua ajuda no que diz respeito a algumas leis específicas e como segui-las nos dias atuais:

a) Quando eu queimo um touro no altar como sacrifício, eu sei que isso cria um odor agradável para o Senhor (Levítico 1:9). O problema são os meus vizinhos. Eles reclamam que o odor não é agradável para eles. Devo matá-los por heresia?

b) Eu gostaria de vender minha filha como escrava, como é permitido em Êxodo 21:7. Hoje, qual você acha que seria um preço justo por ela?

c) Levítico 25:44 afirma que eu posso possuir escravos, tanto homens quanto mulheres, se eles forem comprados de nações vizinhas.

Um amigo meu diz que isso se aplica a mexicanos, mas não a canadenses. Você pode esclarecer isso? Por que eu não posso possuir escravos canadenses?

d) Eu tenho um vizinho que insiste em trabalhar aos sábados. Êxodos 35:2 afirma claramente que ele deve ser morto. Sou moralmente obrigado a matá-lo?

e) Levítico 21:20 afirma que eu não posso me aproximar do altar de Deus se eu tiver algum defeito na visão. Eu admito que uso óculos para ler. A minha visão tem mesmo que ser 100% ou pode-se dar um jeitinho?

f) A maioria dos meus amigos homens apara a barba, inclusive o cabelo das têmporas, mesmo que isso seja expressamente proibido em Levíticos 19:27. Como eles devem ser mortos?

g) Meu tio tem uma fazenda. Ele viola Levíticos 19:19, plantando dois tipos diferentes de vegetais no mesmo campo. Sua esposa também viola Levítico 19:19, porque usa roupas feitas de dois tipos diferentes de tecido (algodão e poliéster). Ele também tende a xingar e blasfemar muito. É realmente necessário que eu chame toda a cidade para apedrejá-los, conforme nos é ordenado em Levítico 24:10-16? Não poderíamos simplesmente queimá-los em uma cerimônia privada, como deve ser feito com as pessoas que mantêm relações sexuais com seus sogros? (Levítico 20:14)

PS. Eu sei que você estudou essas coisas a fundo, então estou confiante que possa ajudar. Obrigado novamente por nos lembrar que a Bíblia é a palavra de Deus e é eterna e imutável.

Seu discípulo."

Que o leitor nos perdoe pela reprodução desse texto vazado em tom de ironia, mas que desperta a atenção para algo que nem todos enxergam: a Bíblia, apesar do seu valor e significado, NÃO pode ser considerada a palavra de Deus, eterna e imutável.

Se você estiver a ponto de explodir
ou desistir de tudo
lembra que, em qualquer situação,
só com serenidade e equilíbrio,
é possível obter-se bons resultados.

Obsessão

Nos últimos anos a obsessão vem grassando na Terra, cada vez mais e mais, causando perturbações e sofrimentos os mais variados.

Ela é, certamente, uma doença, só que é doença da alma, ou melhor, a nossa alma é que favorece as condições necessárias para as obsessões poderem se instalar.

Mas, o que é uma obsessão?

É o domínio que um Espírito exerce sobre alguém. Esse domínio ocorre em variados graus, desde os mais leves até aqueles que vão da fascinação à subjugação, podendo chegar à possessão.

Conforme explica Allan Kardec, o codificador do Espiritismo, "A obsessão é uma ação permanente que um Espírito mau exerce sobre um indivíduo".

É uma ação permanente e não esporádica, em que o Espírito perseguidor permanece junto ao obsidiado, usando todos os recursos que conhece e dos quais consegue lançar mão, para alcançar o que pretende.

A ação obsessiva é exercida por um Espírito mau; não é exercida por um Espírito bom, ou mesmo por um "sofredor", porque é uma ação maléfica, visando geralmente vingança.

Quando Kardec fala em Espíritos maus não quer dizer que eles o sejam eternamente ou que já tenham sido criados assim. Eles não são diferentes de nós, apenas escolheram viver em desacordo com as leis cósmicas descendo moralmente aos mais diversos níveis, desde aqueles que são maus apenas para os objetos do seu ódio, até aqueles terrivelmente perversos, cruéis, verdadeiros monstros de maldade e perversões de toda natureza. São os que muitos classificam como Demônios, Satanás, Diabo etc.

Mas o Espírito nunca regride em sua evolução. Os valores adquiridos permanecem latentes em seu inconsciente e suas quedas morais são temporárias, mesmo que durem milênios.

Muitos Espíritos, ao alcançarem um grau mediano de evolução através das experiências reencarnatórias no bojo do tempo, quando se lhes começa a despertar a consciência divina, chamando-os para o Alto, preferem as atrações inferiores, mergulhando fundo nas paixões. E, nesse impasse entre os ditames da consciência e suas escolhas, tratam de abafar os chamamentos divinos, isolando-se da essência do próprio espírito, que é luz de Deus. É como se envolvessem a própria consciência num energismo de negação, abafando-a. Mas todos eles, dos maus aos piores, um dia se cansarão da própria maldade, retomando o caminho da evolução. Deus não iria criar seres que pudessem, para sempre, votar-se ao mal.

Há inúmeras narrativas de Espíritos sobre episódios em que algum desses terríveis "medalhões do mal" acaba abandonando as regiões inferiores, decidido a mudar de vida, passando a preparar-se para nova reencarnação que, certamente, será muito sofrida. Nesses casos geralmente há a atuação de alguém que lhe é muito caro, como por exemplo, sua mãe, que desce das regiões de luz e harmonia para convencer aquele ser a mudar de rumo.

Já os Espíritos que alcançaram maior grau de evolução, cujas consciências já se encontram mais amplamente banhadas em luz divina, esses não mais se sentem atraídos pelos chamamentos inferiores, porque já eliminaram de si mesmos todos os resíduos da natureza animalizada. Aquela lenda sobre o Anjo que sentia inveja e tinha a ambição de assemelhar-se a Deus e por isso foi lançado ao inferno, tem simbolismos diferentes, porque um ser espiritual tão elevado não cai. A ambição, a inveja, o ódio, o egoísmo e assemelhados, são valores negativos que somente vigoram nas faixas primárias da evolução.

Quanto às obsessões, quase sempre acontecem por questões de vingança, e podemos mesmo dizer que os obsessores são nossos cobradores. Eles estão nos cobrando algo que lhes fizemos, geralmente, em vidas passadas.

Existem casos de obsessão por Espíritos que foram abortados. Vendo frustrados os seus ideais de retornarem à Terra, através da reencarnação, procuram vingar-se das mulheres que lhes deram acolhida, mas em seguida os expulsaram de seus ventres.

Todos nós, na verdade, temos as companhias espirituais que atraímos através das nossas atitudes e ações.

Mas existem ainda aquelas obsessões provocadas por trabalhos de terreiro, quando Espíritos maus são contratados para esse fim.

Em qualquer processo de obsessão, no entanto, o remédio está na conduta que Jesus ensinou; está na reforma interior. Também é importante procurar um centro espírita, para receber passes e orientações, e para que o Espírito obsessor possa ser devidamente assistido em trabalhos específicos. Mas a cura depende do obsidiado, do esforço que faça pelo próprio crescimento e iluminação. No momento em que passa a vivenciar o perdão, a mansuetude, a fraternidade plena o obsessor acaba perdendo a sintonia com ele e a obsessão se acaba.

Conheça mais sobre estes assuntos lendo
O Livro dos Médiuns, de Allan Kardec,
o maior e mais completo trabalho
sobre a mediunidade e como lidar com ela.

Aborto

Praticar aborto, além das possíveis perseguições espirituais que pode acarretar, gera responsabilidade com a Lei Maior, porque nesse ato mata-se o corpo de alguém, ainda em formação, frustrando sua programação evolutiva. Muitos Espíritos de abortados traziam grandiosos compromissos com a coletividade ou com aqueles que deveriam ser seus pais na terra. Além disso, provoca terríveis sofrimentos ao feto, cujo corpinho é impiedosamente destroçado, gerando karma negativo aos que o praticam.

O aborto, hoje, é largamente praticado na Terra e, em muitos países, com respaldo da lei. Só que a maioria das mulheres que o fazem não tem plena consciência do seu real significado. Entendem elas que em seu ventre se encontra em crescimento apenas um punhado de tecidos que vai se transformar num bebê que não está em sua programação de vida, ou a quem teriam grandes dificuldades para criar. Não entendem que ali está, desde as primeiras horas da gravidez, um Espírito em processo reencarnatório, que está ingressando no mundo material através, exatamente, daquele punhadinho de tecidos.

Não sabem também que esse minúsculo ser com poucos dias ou semanas de vida já tem percepções, sensações e emoções; que fica inquieto quando a mãe está nervosa e dorme quando ela descansa. Quando se aborrece chupa o dedinho ou então fica dando voltas. É um comecinho de gente que precisa de muito amor, desde o início.

É verdade que muitas mulheres, e também homens, conhecem perfeitamente todos esses e outros detalhes, mas certamente, a maioria, não, da mesma forma como ignora a terrível crueldade que representa o aborto.

Qualquer pessoa que assista ao filme *O Grito Silencioso* dificilmente terá coragem de fazer ou ser conivente com o aborto. Nesse filme é mostrado através do ultra-som todo o desenrolar do drama; como o coraçãozinho do feto passa a bater acelerado ao perceber a presença do instrumento que irá furar a bolsa, e como foge para os lados e para cima tentando desesperadamente escapar ao perigo. E quando o bocal de sucção se aproxima ele encolhe o quanto pode o corpinho (que muitos entendem tratar-se apenas de um punhado de tecidos) e sua boca se abre num desesperado grito sem som. Em seguida o aparelho começa a sugá-lo, arrancando os bracinhos, as perninhas, o corpo...

Na verdade, isto é tão horrível que a maior parte da humanidade prefere continuar ignorando.

Quanto à questão da culpa, as pessoas que já se envolveram com esse tipo de ocorrência podem atenuá-la de várias maneiras: lutando contra o aborto; adotando algum bebê sem lar, ou praticando o amor fraterno em outras modalidades.

O importante não é a religião que alguém
professa, mas a forma como convive
consigo mesmo, com os outros, com
as situações e as circunstâncias.
É importante gerar pensamentos nobres e fraternos, para que a luz dos planos superiores possa se encontrar com a nossa própria luz, trazendo-nos infinita paz e bem-estar interior.
Quem desenvolve sentimentos afetivos,
vive com otimismo e confiança,
pensa na harmonia e na luz, cria em torno de si um ambiente bom, de energias positivas, que serão
muito boas para ele próprio
e também para aqueles que o cercam.

Ação e reação

Cotidianamente e em toda parte observamos situações e ocorrências que nos parecem profundamente injustas.

Ao lado da favela onde há tanto sofrimento e miséria encontramos a suntuosa mansão, cujos moradores locupletam-se com tudo que o dinheiro e o prestígio podem conseguir. A cada instante, nos mais diversos pontos da Terra nascem crianças saudáveis e outras doentias, deformadas, excepcionais e limitadas; enquanto uma parte da humanidade já nasce com inclinações boas, dignas e honestas, outra demonstra desde a mais tenra infância tendências para o furto, a mentira, a hipocrisia, a crueldade, a perversidade etc.

O mesmo ocorre com a inteligência, que não é hereditária, porque muitos luminares da ciência e do intelecto eram e são filhos de pais comuns e até mesmo pouco inteligentes, enquanto pais de grande capacidade mental têm gerado filhos limitados.

E perguntamos então a nós mesmos por que tantas e tão dolorosas diferenças entre os filhos do mesmo Pai? Se nós, humanos e falíveis, não seríamos capazes de atos tão injustos ou maus para com nossos filhos, como poderia Deus, sendo onipotente, justo, sábio e santo, demonstrar tanta incompetência, injustiça e perversidade?

Mas a nossa razão diz que não pode ser... que têm de haver outras explicações, caso contrário, deixamos de Nele acreditar e, nessa descrença sofremos o grande vazio que a fuga da fé deixa dentro de nós. A criatura sem fé é como a lâmpada apagada, em meio à escuridão noturna.

Mas felizmente, sempre chega o dia em que tomamos conhecimento da reencarnação e das leis de causa e efeito ou ação e reação, que os orientais chamam karma.

Esse conhecimento então nos coloca de bem com a existência e começamos a ver Deus, o universo e os mecanismos da vida sob nova luz.

Compreendemos, assim, que já vivemos muitas e muitas existências na matéria, que somos o resultado do que fomos e fizemos em nossas vidas passadas. Entendemos também que Deus não é o responsável pelas nossas inclinações boas ou más, pela nossa inteligência e aptidões, doenças ou sofrimentos. Os responsáveis somos nós mesmos, pela maneira como vivenciamos nossas existências passadas, assim como também a presente.

Tudo o que fomos reflete-se em nossa vida atual. É a lei do retorno que nos devolve, pelas mãos da justiça divina, tudo o que fizemos no passado distante ou próximo. Diz-se nos meios espíritas que a semeadura é livre mas a colheita é obrigatória.

É preciso, no entanto, observar que o karma não é só negativo, é também positivo. Ele representa nossa conta corrente com a vida, o retorno dos atos bons e maus, das ações e omissões que praticamos ao longo das encarnações e pode mesmo ser atenuado pela prática do bem, pelo amor posto em ação. Sempre é oportuno lembrar o que disse o apóstolo: "O amor cobre uma multidão de pecados". Isto significa que se dedicarmos parte do nosso tempo e possibilidades, tais como o amor, o trabalho, a palavra ou dádivas materiais, visando diminuir o sofrimento do próximo ou a lhe mostrar um novo caminho com mais luz e esperança, nossa própria vida, sendo mais útil aos outros, será também menos sofrida para nós. Essa orientação, aliás, foi dada por Jesus quando disse: "A cada um será dado de acordo com suas obras".

Também é importante entender que nem todos os sofrimentos são kármicos, porque muitas vezes refletem apenas nossas próprias necessidades evolutivas. A dor é a mensageira divina que desperta em nós os valores imortais do Espírito. É ela quem nos acorda e faz sair do marasmo ou da acomodação espiritual. Também é através do sofrimento que mais nos aproximamos de Deus.

Acontece, igualmente, que muitos Espíritos ao planejarem suas futuras encarnações pedem aos mentores para nascerem com defeitos físicos ou outros problemas, visando evitar-lhes maiores quedas espirituais.

Conta o Espírito André Luiz que certa mulher pediu para reencarnar com determinado defeito físico, porque queria preservar-se de tentações e quedas, já que em sua última encarnação fora muito bonita e caíra espiritualmente pelas vias do sexo.

Outros Espíritos programam suas encarnações de forma a precisarem enfrentar dificuldades diversas, a fim de não terem tempo nem energia para curtições e leviandades prejudiciais.

Nossas faltas, na verdade, e todo o mal que fazemos ficam marcando presença em nossa consciência profunda e, quando no mundo espiritual, com maior acesso a essas recordações, chega sempre o momento em que sentimos a necessidade de liberar-nos desse peso. Trabalhamos então para merecer nova encarnação na Terra, visando esses resgates, assim como também novos avanços ou ganhos em nossa evolução.

O Espírito humano jamais reencarna como animal, muito menos como vegetal. Ninguém involui, e os ganhos da evolução representam os únicos bens que realmente possuímos.

O amor, a alegria, a brandura,
a confiança e a fé geram energias
psíquicas benéficas em todos os sentidos.
O sentimento fraterno e o
contentamento têm o poder de relaxar,
eliminar estresse e possibilitar

melhor circulação de energias no organismo.
Equivale a saúde e bem-estar.
Se costumas cultivar animosidade, pessimismo,
tristeza ou amargura,
procura fazer tudo para mudar esse quadro.
Ideias e emoções negativas
formam um ambiente psíquico
pesado em ti e em torno de ti,
afastando o bem que pode estar
chegando pelo caminho.

Características do Espiritismo

A finalidade essencial do Espiritismo é ajudar o ser humano em sua evolução, relembrando-lhe os ensinamentos de Jesus e trazendo-lhe todo um universo de novos conhecimentos.

As atividades espíritas são sempre voltadas para finalidades nobres, educativas e caritativas. Os que agem diferentemente em nome do Espiritismo estão equivocados ou mal intencionados.

As sessões ou reuniões espíritas são, modo geral, sobre Evangelho, estudos doutrinários, estudos sobre mediunidde, palestras, passes, trabalhos mediúnicos, tratamento espiritual e cursos diversos.

As de Evangelho destinam-se não só ao estudo dessa matéria mas, principalmente, sobre como aplicar os ensinamentos de Jesus no cotidiano.

Nas doutrinárias, estudam-se aspectos científicos e filosóficos do Espiritismo, baseados principalmente em *O Livro dos Espíritos*.

As palestras versam sobre temas variados à luz do conhecimento espírita.

Os passes representam uma terapia onde pessoas treinadas para esse fim efetuam verdadeira limpeza no sistema energético do beneficiado, transmitindo-lhe ainda novas energias. O passe é muito importante em qualquer tratamento espiritual, seja de enfermidades físicas ou perturbações de qualquer natureza.

Algumas instituições espíritas mantém atividades voltadas especificamente para a cura de enfermos, utilizando-se do passe, da água fluidificada, das operações a distância, das irradiações, ou ainda, de operações feitas diretamente por Espíritos incorporados em médiuns, ou mesmo materializados.

Os cursos são os mais diversos, versando sobre assuntos ligados ao Espiritismo. Os mais comuns são os estudos doutrinários, sobre mediunidade e passe.

Os trabalhos mediúnicos nos centros bem orientados são realizados visando, principalmente, dar atendimento ao grande número de Espíritos sofredores que perambulam na crosta da Terra e nas zonas espirituais adjacentes; a conscientização e afastamento de Espíritos obsessores (perseguidores espirituais) e, eventualmente, para receber esclarecimentos ou orientações dos Espíritos responsáveis pelas atividades da Instituição.

Quando alguém procura um centro espírita, necessitado de ajuda, geralmente é encaminhado para o atendimento fraterno, onde poderá falar dos seus problemas de natureza espiritual, porque o Espiritismo não cuida de problemas materiais. Dali é encaminhado, na maioria dos casos, ao tratamento espiritual, que é feito em grupo, com estudos do Evangelho, explicações as mais diversas, passes, água fluidificada, etc.

O Espiritismo não adota práticas divinatórias, ou seja, baralho, leitura de mão, jogo de búzios, horóscopos etc.; não usa rituais, oferendas, velas, charutos, defumações, cânticos litúrgicos, ou quaisquer apetrechos de culto; não faz "trabalhos" como, desmanchas, amarrações, abertura de caminhos, ou assemelhados; não possui sacerdócio ou hierarquias terrenas; nada cobra de seus profitentes, nem por quaisquer das inúmeras atividades ou auxílios que presta; respeita todas as religiões que visam aproximar a criatura de seu Criador, por entender que também são caminhos para Deus.

Sabe onde está o segredo
do bom relacionamento entre as pessoas?
Está na afetividade e na alteridade,
significando esta última, o respeito.
Respeito pelo espaço dos outros,
por suas ideias e sua maneira de ser.

Os grupos humanos que convivem, tais como a
família, os companheiros de trabalho,
os colegas de estudos, os vizinhos,
os membros de uma comunidade - seja religiosa
ou não - dificilmente conseguem vivenciar
a fraternidade, a boa vontade
e bem-estar íntimo, quando reunidos.
Geralmente não toleramos as pequenas manias
dos outros, a maneira de ser de cada um,
e queremos então corrigi-los
pelos nossos próprios critérios.
Mas quando são os outros que querem
corrigir as nossas manias ou a maneira
de percebermos a vida e todas as coisas, os nossos
gostos e inclinações, nos aborrecemos.
Quando aprendermos a ser mais afetivos e
alteritários, dando aos outros a liberdade
e o respeito que nós mesmos queremos receber,
a convivência fica bem mais
fácil e agradável.

Por que o Espiritismo surgiu nesta época?

A Doutrina Espírita é um curso de conhecimento superior, que só poderia ser ministrado numa época de maiores avanços no campo das ciências e do conhecimento humano.

Informam os Espíritos que estamos vivendo o final de um grande ciclo evolutivo da Terra, em trânsito para uma nova era, e isto é visível em toda parte.

Mas para que essa transição para a nova civilização se torne viável é necessário que a mentalidade vigente sofra inúmeras mudanças. Usando de simbolismos poderíamos dizer que se torna necessário o "nascimento cósmico" e que o Espiritismo representa grande ajuda nesse parto.

Dessa forma podemos entender que até ontem o sistema religioso do mundo cristão formava o "útero da nossa fé". Hoje, a força da vida empurra e a razão atrai para esse nascimento.

O feto humano permanece cercado por todas as comodidades. Não precisa sequer sugar o alimento; não sente frio nem calor e seu corpo está protegido de possíveis agressões físicas. Ele flutua serenamente em seu mundo, no seio materno. É um simples feto... Mas quando seu crescimento o torna apto a mudar de ambiente, subir um degrau em sua evolução, ele nasce. Abandona aquela comodidade e começa a participar da vida, e isto lhe custa esforço. Precisa começar seu aprendizado na escola das capacidades, das aptidões, e esse aprendizado só ele pode realizar; é tarefa que não pode ser feita por outros. É ele quem irá chorar quando sentir fome ou estiver com algum incômodo; os primeiros passos serão dados por seus próprios pés; é seu esforço pessoal que lhe irá facultar a fala, e assim por diante.

O mesmo ocorre com o feto espiritual, serenamente acomodado no útero da sua fé. Não precisa fazer maiores esforços. Acredita que lhe basta realizar as leves obrigações que sua religião impõe e que o sangue de Jesus lava todos os seus pecados, ou que estes podem ser perdoados pelos poderes sacerdotais. Sente-se seguro e bem acomodado em seu universo religioso.

Mas a força da evolução começa a empurrá-lo, a razão passa a falar mais alto e os infinitos horizontes do conhecimento superior acenam, atraindo-o para o nascimento cósmico.

Nessas circunstâncias muitos preferem continuar vegetando em seus simbólicos úteros espirituais, enquanto a Grande Lei permitir. Outros decidem romper suas cristalizações milenares e nascer para a nova mentalidade, o novo status espiritual, onde o esforço próprio é o caminho para as grandes realizações interiores, a conquista da auto-iluminação, da paz e da harmonia com o TODO, da felicidade plena e imorredoura, de aptidões supranormais, percepções cada vez mais amplas, conhecimentos que extrapolam o comum... É o infinito caminho da evolução, que mais extraordinário e maravilhoso vai se tornando na medida em que o vamos percorrendo.

Nesse nascimento descobrimos também que Jesus, em vez de ser aquele mártir da cruz que nos foi mostrado, é o grande cientista sideral que nos trouxe, com o Evangelho, a mais completa cartilha da CIÊNCIA DO BEM VIVER.

O "parto cósmico" é doloroso por colocar o ser diante de suas próprias responsabilidades, mas é uma dor necessária para quem deseja sair da estagnação. Sem dor não há evolução, nesta fase do nosso crescimento espiritual.

Enquanto o Espiritismo acena com novas esperanças para a humanidade, muitos perguntam como isto será possível, já que a maldade, a violência, a corrupção, a ganância e outros valores negativos se alastram nos ambientes humanos, deixando a impressão de que tudo está piorando, em vez de melhorar.

Para responder a esta indagação vamos pinçar alguns trechos das explicações do Espírito S. Luis na última questão de *O Livro dos Espíritos*.

"O bem reinará na Terra quando, entre os Espíritos que vierem habitá-la, os bons prevalecerem sobre os maus. Então farão reinar o amor e a justiça, fonte do bem e da felicidade. É pelo progresso moral e pela prática das leis de Deus que o homem atrairá para a Terra os bons Espíritos, e afastará os maus. Mas os maus só a deixarão quando o homem tiver banido dela o orgulho e o egoísmo.

A transformação da humanidade já foi predita, e vós já tocais o momento que todos os homens que auxiliam o progresso estão tornando cada vez mais próximo. Ela se realizará através da encarnação de Espíritos melhores, que constituirão uma nova geração sobre a

Terra. Então os Espíritos dos maus, que a morte ceifa a cada dia, e de todos os que tentam deter o ritmo das coisas, serão excluídos da Terra, pois ficariam deslocados entre os homens de bem, cuja felicidade perturbariam. Eles irão para mundos novos, menos adiantados, cumprir missões penosas, onde poderão trabalhar para seu próprio adiantamento e, ao mesmo tempo, para o adiantamento de seus irmãos ainda mais atrasados".

Dizem também os Espíritos que a lenda de Adão e Eva retrata ocorrência que se deu em outro mundo, cuja humanidade havia alcançado um grau de evolução semelhante à nossa, quando os maus, ou seja, aqueles que atrapalhavam a sua ascensão a estágios mais adiantados e felizes, foram exilados aqui na Terra e passaram a reencarnar como filhos dos terráqueos primitivos. Isto explica também o grande surto evolutivo ocorrido em determinada época em nossa pré-história, quando, no decorrer de poucos milênios o homem, saindo das cavernas, passou a desenvolver inusitado progresso intelectual e material que, desde então, tem sido contínuo.

Sempre que alguém te ofender, ou quando
estiveres em presença, nas proximidades,
ou mesmo apenas pensando na pessoa que te
magoa ou com a qual antipatizas,
faz o seguinte exercício:
"Respira fundo, buscando relaxar. Procura
encher o coração com amor e diga mentalmente:
"Quero que tu, Fulano, estejas em paz. Quero
que estejas bem, com saúde e prosperidade.
Que Deus te abençôe, e te faça feliz".
Isto te fará infinito bem.

Os vícios e os prazeres

As pessoas que alimentam vícios fazem mal a si mesmas.

Todos sabem que os vícios são prejudiciais à saúde e nós temos o dever de cuidar do corpo, que é instrumento da nossa evolução. Quando nos descuidamos da saúde e não tratamos devidamente do corpo; quando desenvolvemos vícios ou praticamos excessos de qualquer natureza, ao chegarmos no mundo espiritual, através da morte, podemos ser considerados suicidas inconscientes e sofreremos com essa situação.

Se os vícios produzem perturbações e sofrimentos aqui na Terra, pior será depois do desencarne (morte), porque eles se enraízam no corpo espiritual (perispírito). Esse corpo é semelhante ao físico, aliás, é a sua matriz. Pelo que dizem os Espíritos, durante a gestação a formação do feto é orientada pelos moldes existentes na mente da gestante, pelos fatores genéticos e, principalmente, pelo modelo perispiritual do próprio reencarnante. Nesse detalhe está a explicação para muitas doenças e deformidades congênitas.

Informam ainda que, ao desencarnar uma pessoa viciada, seu vício não se acaba junto com o corpo carnal e, na outra dimensão, ou seja, no mundo espiritual, seus desejos se tornam muito mais intensos porque o perispírito, livre do corpo de carne que o abafa, é um organismo de grande sensibilidade. Assim, o desejo de saciar o vício transforma-se em verdadeira tortura.

Muitos Espíritos de viciados acabam encontrando maneiras verdadeiramente abjetas de se saciarem através de pessoas encarnadas que se entregam aos mesmos prazeres. Nesses casos, alguém que foi viciado, digamos em álcool, aproxima-se do beberrão encarnado, encosta-se nele, envolve-se com ele de maneira a conseguir sugar a parte etérica do álcool e assim, de certa forma saciar seu próprio desejo. É por isso que muitas pessoas bebem até cair, num descontrole total, sem forças para vencer o vício. É verdade também que no caso dos alcoólatras há sempre um comprometimento de vidas passadas, que deixou seus perispíritos com esse tipo de predisposição.

O mesmo acontece com relação ao fumo, às drogas e até mesmo ao sexo.

Mas, há também os vícios de natureza moral, tais como a inveja, a cobiça, o egoísmo, o desamor, a leviandade, a desonestidade, a crueldade, a mentira e tantos outros, que geram sofrimentos depois da morte, por reterem seus portadores em zonas inferiores do mundo espiritual.

É, pois, muito importante libertar-se de todo tipo de viciações o quanto antes, trabalhando pela reforma interior, para que o retorno ao mundo espiritual pelas portas da morte, venha a ser uma ocorrência feliz, podendo reencontrar velhas amizades e desfrutar da paz e da felicidade que as dimensões espirituais mais elevadas proporcionam.

Mas isto não significa que alguém deva viver à parte do mundo, sem cultivar prazeres. Estes são muito importantes porque, junto com a satisfação das necessidades elementares da existência, formam o mais forte instrumento ou alavanca da vida e da própria evolução. A necessidade empurra e o prazer atrai. O que mais motiva o ser humano nos seus passos, em suas ações, se não a necessidade e o prazer?

Os prazeres, na verdade, são forças da vida que nos impulsionam para o progresso material. Mas, como em tudo, é preciso ver quais beneficiam e quais prejudicam. Isto me faz mal? Pode me prejudicar aqui na Terra ou no mundo espiritual depois do meu retorno para lá? Pode prejudicar outras pessoas ou lhes trazer algum tipo de sofrimento? Pode trazer prejuízos à natureza, ao meio ambiente?

O importante é saber analisar e definir quais os prazeres prejudiciais e quais aqueles que não prejudicam a nós mesmos, ao próximo ou qualquer outro segmento da vida, para que não se transformem em causas para sofrimento, gerando karma negativo.

Os outros, os que não fazem mal, são alavancas a levantarem nossas forças e a nos darem alegria de viver.

Fomos criados para sermos felizes.

Doenças

"Levanta-te e anda", ordenou o Mestre, mostrando que o ato de levantar e caminhar cabe a nós mesmos, acima de tudo.

O que são as doenças? Castigos de Deus?

Claro que não. Deus não é carrasco. Ele é pai... um Pai justo e sábio que educa seus filhos com amor, ensinando-os a se conduzirem pelas leis da fraternidade e do respeito porque essa é a receita para os seres humanos poderem conviver bem uns com os outros.

Mas por que então as doenças? Coisas da Natureza?

A Natureza foi feita por Deus, assim como todos nós, com amor e sabedoria. Por isso devemos procurar essas causas em outras fontes, e essas fontes estão, certamente, em nós mesmos.

Explica o Espírito Miramez, que os maus pensamentos são um lixo que, por lei, deve ficar com quem o produziu.

Todos produzimos, em maiores ou menores proporções, esse lixo mental e emocional, poluente da alma, através dos pensamentos, sentimentos e atitudes antifraternos, depressivos ou viciosos, tais como a inveja, o ódio, o rancor, o pessimismo, o azedume, a revolta, assim como também a luxúria, o egoísmo, a ganância, a violência e tantos outros valores negativos dos quais nem sempre nos apercebemos. Quando isto acontece, nossa própria natureza se encarrega de expulsar parte desse lixo para que não nos sufoque, e essa carga mórbida, ao ser drenada para o corpo carnal, materializa-se nele em forma de doenças, ou de predisposições para determinadas enfermidades.

E você pode estar perguntando por qual razão então não adoecem tantos seres perversos, imorais, gananciosos, antifraternos e assemelhados, que ombreiam conosco no cotidiano?

A resposta é simples: quanto mais atrasado o Espírito, mais grosseiro e denso é seu perispírito, ou corpo espiritual. Por isso ele pode conviver tranquilamente com o próprio lixo. Mas conforme vai evoluindo espiritualmente, através das reencarnações bem aproveitadas, também mais delicado e sensível vai ficando seu perispírito e, com isso, maior e mais premente também se torna a necessidade dessas drenagens.

Explica ainda Miramez, que esse lixo mental de que falamos é, muitas vezes, entregue às camadas subconscientes do nosso ser e ali permanece fechado nesse misterioso baú, aguardando oportunidade de transformar-se em grandiosas lições para a alma, através dos sofrimentos causados pela sua catarse, em forma de doenças, nesta ou nas futuras encarnações.

Há também os casos de enfermidades adquiridas nesta mesma vida, pelos estados de espírito negativos. Há pessoas que são verdadeiras indústrias de mau humor, que vivem a se lamentar, a maldizer e reclamar de tudo; outras cultivam emoções e sentimentos negativos como a inveja, o ciúme, o rancor, o azedume, o desamor... Esse tipo de atitudes ou procedimentos gera um energismo pesado que fica circulando no sistema energético, provocando bloqueios, produzindo males de maior ou menor gravidade.

Ocorre também que muitos Espíritos programam certas doenças ou limitações para suas encarnações, visando evitar maiores quedas espirituais. Igualmente, há casos em que a administração superior determina uma enfermidade, um acidente ou assemelhado, para desviar alguém do caminho que iria levá-lo a cair espiritualmente. Isto ocorre por misericórdia divina, quando há merecimento.

Outra causa de enfermidades está no descuido, no descaso com a própria saúde, nos vícios diversos, na gula, na alimentação errada, na vida sedentária etc.

E há ainda aquelas kármicas, motivadas por ações praticadas em vidas passadas.

Como se vê, as causas profundas das enfermidades são muito variadas mas estão em nós mesmos, tanto em nosso passado quanto no presente.

Talvez você argumente dizendo que as doenças são causadas por micróbios, vírus etc. É verdade. Só que, pelas nossas atitudes, ações e omissões criamos em nós mesmos campos favoráveis ao desenvolvimento dos microorganismos que geram doenças, além de desequilíbrios outros. Tanto é verdade que inúmeras pessoas infectadas com determinados vírus ou bacilos, não contraem tais doenças.

Por essas razões, quanto mais a medicina e a farmacologia avançam em sua capacidade de curar, mais doenças novas e cada vez mais virulentas vão surgindo. A culpa não é da medicina, nem da farmacologia. É nossa. Por isso só nós mesmos, com a ajuda de Deus e da nossa vontade, poderemos gerar condições reais de cura e ficar imunes às enfermidades. Isto, através da reforma moral, da mudança de conduta e de atitudes, e ainda, do desenvolvimento de nossos potenciais interiores.

Mas esse é um trabalho difícil e demorado. A Natureza não dá saltos. Se durante milênios fomos construindo o que somos hoje, não será de um momento para outro que vamos conseguir modificar toda essa estrutura. Mas se não começarmos, nunca chegaremos lá.

Nos momentos de dor, ou quando a doença castiga nosso corpo costumamos "agarrar-nos" em Deus ou em quaisquer outros seres superiores, implorando o cessar do sofrimento: — "Tenho fé em Deus, que Ele vai me curar..." Mas se a cura não acontece, a fé fica abalada, porque colocamos a cura como condição para a fé.

Nesses casos, todavia, em vez das lamentações e atitudes negativas, é muito importante buscarmos elevar nossa frequência vibratória, porque ela é a mais poderosa auxiliar na eliminação do lixo produzido por nossas próprias atitudes.

Essa elevação conseguimos através da prece, dos sentimentos de amor universal, fé, otimismo e alegria, buscando vivenciar sempre os ensinamentos de Jesus.

As enfermidades, na verdade, representam uma das maiores forças para nossa evolução. É como se o combalimento do corpo fizesse crescer a luz interior, ou o medo da morte nos aproximasse mais de Deus.

Em qualquer situação de crise,
assim como nos momentos de dificuldade,
lembra que o amor é sempre
o melhor dos remédios
apontando caminhos para
as mais acertadas soluções.

Milagres

Os Espíritos informam que não existem milagres, mas mecanismos naturais, com manipulação de energias, quando as condições são favoráveis.

Na maioria dos "milagres" em que ocorrem curas, estas são momentâneas, com efeitos de curta duração. São produzidas pela dinamização das energias profundas de alguém, que é levado a um estado de superexcitação através de vigorosa atuação, altamente indutora, do "milagreiro". É fácil observar como essas pretensas curas ocorrem num verdadeiro palco onde a fé é o ingrediente para a dramatização. Passados aqueles momentos, tudo volta ao que era antes.

É claro que há casos de curas definitivas, quando a fé é profunda e verdadeira e quando há merecimento.

Os "fazedores de milagres" são pessoas que possuem grande poder de indução, uma vontade firme e pensamento dominador. Com esses recursos, em alguns casos, eles conseguem levar os que neles crêem a dinamizar de tal forma seus próprios potenciais, a sua fé, a ponto de gerar transformações orgânicas e outras ocorrências que são vistas como milagres.

Nos cultos ou missas de cura e pedidos de ajuda divina a própria vibração do ambiente, poderosamente voltada para esse fim, é um veículo que favorece essa potencialização das energias de que falamos, podendo produzir acontecimentos incomuns.

Nos casos de "expulsão de demônios" pode realmente acontecer de algum Espírito obsessor achar mais prudente afastar-se daquela confusão.

Também há casos em que as pessoas obsidiadas são tão maltratadas pelos que as exorcizam, com tais repercussões em seus obsessores, que estes acabam perdendo momentaneamente a sintonia com elas.

Igualmente há situações em que os Espíritos obsessores ficam tão impressionados com toda aquela teatralidade, aquelas ordens imperiosas que lhes são dadas em nome de Deus, que acabam realmente afastando-se de suas vítimas. Mas esse tipo de atuação não é saudável porque o obsidiado volta à sua vidinha de antes, sem ter aproveitado o episódio como alavanca para sua evolução e o Espírito obsessor vai continuar à espreita, aguardando nova oportunidade para recomeçar a perseguição com mais segurança.

A melhor receita para esse tipo de problemas é aquela que o Mestre ensinou: a reforma moral, a mudança nas atitudes e nas ações, orientada pelo Evangelho.

Milagres, nem Jesus os fez. Ele usou seus próprios potenciais, sua energia, sua vibração de altíssima frequência e seus conhecimentos para realizar as curas e demais atos incomuns.

Outras ocorrências tidas como sobrenaturais são apenas inusitadas, nas quais são utilizados recursos da própria natureza, das leis naturais, manipulados por Espíritos.

A fraternidade e o contentamento
refletem o esplendor das leis de Deus.
Imprimir continuamente esses valores
em nosso ser é caminhar nessa luz.
Os problemas da vida podem ser comparados a
um barbante cheio de nós que é preciso desmanchar,
deixando-o liso. Se você começar a dar puxões nesse
barbante só vai apertar cada vez mais
esses nós, não é verdade?
Mas, se munir-se de paciência e começar a
desmanchar os nós um por um, logo terá todos eles
desatados e o barbante liso.
Com os problemas é a mesma coisa, se ficamos
nervosos, irritados, agressivos, só conseguimos piorar
a situação. Mas, se nos munimos de paciência e come-
çamos a trabalhar com fé, sabedoria e equilíbrio logo
teremos conseguido solucionar
todos os problemas.

Gólgota e Tabor

Na história do cristianismo há dois montes que foram palco de situações excepcionais. Um é o Gólgota, onde Jesus foi crucificado; o outro é o Tabor, onde o Mestre encontrou-se com os Espíritos materializados de Moisés e Elias.

Por que então só o Gólgota é lembrado pelos cristãos? Por que só a morte de Jesus é lembrada? O que é mais importante: a morte, rápida passagem de uma dimensão para outra, epílogo de uma existência carnal, ou a vida, com tudo o que representa?

Os cristãos rotularam Jesus como o mártir da cruz; aquele ser sofredor, açoitado, torturado e crucificado por causa das nossas faltas; aquele homem-Deus que sofreu todas as dores para resgatar as nossas culpas.

Por que esse rótulo? Por que esse enfoque?

Porque é muito mais cômodo jogar sobre Ele as nossas faltas, os resgates que são nossos. É muito mais interessante ter um "bode expiatório" do que assumir as próprias responsabilidades.

Esse tipo de atitude, aliás, é muito comum em nós, seres humanos, em razão do nosso atraso espiritual. Hoje, porém, com todos os ganhos da evolução e com os conhecimentos atuais, principalmente no terreno espiritual, não mais se justificam tais enganos. Por isso é mais que tempo de se refazerem aquelas velhas e erradas ideias de que Jesus teria descido à Terra para morrer na cruz e com seu sofrimento, sua morte, pagar as culpas humanas.

O Mestre, na verdade, é o Espírito puro que desceu à Terra para ajudar a humanidade em sua evolução. Ele não veio para sofrer em nosso lugar, nem para pagar por culpas que são nossas porque isto não seria justo nem educativo.

Jesus veio na condição de messias, em missão sacrificial, para nos ensinar um novo caminho, a nova Lei, a nova Ordem: a do Amor. Ele veio para falar sobre a imortalidade da alma e nos ensinar como agir, que atitudes adotar para a nossa salvação, ou melhor, para nossa evolução. Na verdade, não estamos precisando nos salvar porque não estamos perdidos. Estamos sim, precisando evoluir, progredir moral e espiritualmente.

Fala-se em pecado. Acredita realmente que o Criador teria colocado na programação do ser humano, quando o planejou, inclinações, tendências, desejos ou necessidades, para depois cobrá-lo por essas ações? O bem e o mal, na verdade, fazem parte da evolução. É por esses caminhos que vamos aprendendo as grandes lições da vida, do bom convívio, da fraternidade, enfim, a ciência do bem viver.

Mas a teologia jogou sobre Jesus as nossas responsabilidades, os resgates que são nossos.

Os judeus, desde o início de sua história, estavam acostumados (sua lei era essa) a cometer faltas e repará-las, ou melhor, apagá-las com o sacrifício de um animal. Esse tipo de prática era adequado ao momento evolutivo daquele povo rude e um tanto primário. Mas observe-se que nos dez mandamentos recebidos por Moisés no Sinai não há determinações dessa natureza. O decálogo, procedente dos planos superiores, reflete os princípios universais da justiça e da ética. Nele não se fala em sacrifícios de qualquer natureza, mas em conduta, em atitudes. São diretrizes, roteiros de vida para o ser humano, visando à justiça social, à paz e ao respeito pelo que é divino. O resgate dos pecados, assim como buscar a complacência dos deuses através dos sacrifícios era uso bem anterior ao próprio Moisés, mas foi este quem codificou para o povo israelita esses usos, visando "aplacar a ira de Deus" e conseguir que Ele os abençoasse com saúde e bens materiais.

Com a chegada de Jesus, e por algumas das suas colocações, seus seguidores, todos judeus, dentro da mentalidade vigente, viram Nele o "Cordeiro de Deus" que vinha tirar os pecados do mundo, deixando num segundo plano Seus ensinamentos e exortações contínuas e constantes sobre a necessidade de mudança nas ações e na mentalidade.

Essas mudanças na mentalidade dos povos dependem de sua própria evolução, de seu amadurecimento espiritual e, só agora, após quase dois mil anos, é que a realidade maior da missão de Jesus está começando a ser compreendida.

Com as claridades trazidas pelo Espiritismo é que estamos começando a ver a grandeza das ocorrências do Tabor. Foi ali que o Mestre conversou com os Espíritos Elias e Moisés materializados. Naquele momento ali ocorreram fenômenos de variadas expressões: houve o encontro de Cristo com Seus auxiliares diretos (Moisés e Elias) na condução do povo judeu, marcando o início de um novo período evolutivo para a humanidade. Houve o fenômeno mediúnico da materialização provando a imortalidade do ser; a comunicação entre Jesus e aqueles Espíritos comprovando a verdade da mediunidade e a possibilidade de intercâmbio entre essas duas dimensões de vida, e essa comunicação foi presenciada por alguns discípulos, testemunhas que foram do transcendente encontro, para levarem essa notícia à posteridade; e por último, houve a presença de Elias e João Batista numa só pessoa, porque o Mestre dissera em diversas oportunidades que João Batista era o mesmo Elias do Velho Testamento que retornara à matéria como Seu precursor, apontando, assim, os caminhos da reencarnação.

E vemos, então, que aquela luz imensa que brilhou no Tabor, falando em vida, em imortalidade, em mediunidade e reencarnação, só agora começa a ser vista por uma pequena parcela dos cristãos, o que já é um grande avanço.

Hoje, já estamos começando a compreender, através do Espiritismo, que a mensagem do Cristo é de vida, de imortalidade, de sabedoria, perfeição e amor, e não de morte. Graças a Deus.

O perdão e o amor geram um
campo magnético de poderosas
energias positivas que
elevam sobremodo
nossoteor vibratório,
colocando-nos fora da
sintonia e do alcance de
vibrações maléficas.

A Bíblia

A Bíblia tem sido vista como a palavra de Deus, que não pode ser questionada, apenas obedecida.

Ocorre que o ser humano evolui com o passar do tempo. A mentalidade da humanidade atual é bem diferente daquela que marcou os séculos e os milênios passados. É a força da vida impulsionando a criatura para a frente, modificando sua ótica, seus enfoques, seus conceitos, suas concepções. É como alguém que vai subindo pelas encostas de uma colina; quanto mais sobe, mais vasto vai ficando o horizonte que sua vista alcança.

Do que era bom nos milênios passados, nem tudo continua servindo nos dias atuais.

Na Bíblia encontramos dois tipos de mentalidade. A do Antigo Testamento assentada nas leis de Moisés, que cobrava "olho por olho e dente por dente". Era a lei adequada e correta para educar aquele povo rude e indisciplinado. Já a que o Novo Testamento apresenta nas páginas do Evangelho manda perdoar as faltas alheias de forma incondicional; amar a Deus, em vez de temê-lo; amar o próximo, a si mesmo, e praticar a caridade em todas as suas expressões.

Essa nova mentalidade foi trazida por Jesus na época certa como mais um passo, e dos mais importantes, que o ser humano já estava pronto para começar a dar em sua caminhada evolutiva. Mas como tudo progride e o aprendizado é infinito, Jesus só ensinou o que achou conveniente para aquele momento. Não se esqueceu, todavia, de avisar que no futuro enviaria o Consolador, o Espírito de Verdade, que viria relembrar ao mundo cristão os Seus ensinamentos e revelar toda a verdade.

Essa nova revelação, o Espiritismo, tem a característica de colocar o ser humano diante de suas responsabilidades e, sem dúvida, essa é uma das causas pelas quais é tão combatida e até mesmo perseguida.

Outra causa para tanta rejeição é o fato do conhecimento espírita libertar o homem de quaisquer algemas religiosas. Sabendo que é por suas próprias ações que o ser humano evolui, as religiões perdem seu poder sobre os fiéis; deixam de ser seus condutores; já não mais representam aquela mão que abre as portas do céu ou do inferno, na passagem do túmulo.

A Doutrina Espírita veio, assim, libertar o ser humano do jugo religioso, das algemas da fé cega. E lembramos, a propósito, que Jesus afirmou: "Conhecereis a **verdade** e ela vos libertará".

Esses conhecimentos libertadores, porém, estão demorando muito para serem aceitos porque ninguém deseja assumir suas responsabilidades diante da Grande Lei e, muito menos, pagar pelas próprias culpas, ou ainda, realizar a reforma interior. Sempre é mais cômodo acreditar que o sangue de Jesus lavou nossos pecados ou que o sacerdote os perdoou, e continuar a vidinha de sempre.

A Bíblia, então, sem ser a palavra de Deus, é um livro escrito por pessoas inspiradas e digno de todo o respeito. O Antigo Testamento narra os feitos dos descendentes de Israel, um povo muito religioso e que adorava um só Deus. Traz a palavra sábia dos profetas, grandes médiuns, em verdadeiros tratados de ética e religião. No novo Testamento está incrustado esse diamante de luz, o Evangelho, as narrativas dos primeiros tempos do cristianismo e as epístolas, ou cartas enviadas por alguns apóstolos a congregações cristãs.

Estamos já dando os primeiros passos no III milênio. É tempo de começarmos a nos libertar de fanatismos prejudiciais. Vivemos na era da razão e devemos aprender a usá-la em tudo, para tudo podermos avaliar em seus verdadeiros valores. Assim, a Bíblia deve ser vista com bom senso, com equilíbrio e sem fanatismo, extraindo-se dela o grandioso manancial de ensinamentos elevados que contém.

Mas é preciso também reconhecer suas falhas, suas inúmeras contradições e incongruências, lembrando que aquela mentalidade, em muitos casos, não mais está adequada à nossa época. A maioria dos seus mandamentos está superada, como demonstramos no capítulo que trata da mediunidade.

O Novo Testamento foi muito manipulado, interpolado e interpretado, sofrendo por isso graves distorções em seu conteúdo, inclusive pelas centenas de vezes que foi copiado e recopiado.

Perguntamos então: como seguir ao pé da letra as determinações de um livro escrito há milhares de anos, cheio de contradições, com alguns conteúdos modificados por interesses terrenos e no qual encontramos duas fases distintas (A.T. e N.T.) com ensinamentos até mesmo opostos em algumas passagens?

No Sinai, num dos 10 mandamentos Deus determina:

"Não matarás". Moisés, no entanto, ao chegar com as tábuas da Lei recém-escritas junto ao povo, enfurecido, ordena a todos os homens da tribo de Levi que saiam armados de espadas e matem a todos que encontrarem pelo caminho. Nesse dia foram executados mais de 3.000 israelitas. E Deus, como prêmio aos assassinos, outorgou à sua tribo as funções sacerdotais.

Está muito claro, tanto nesse, quanto em centenas de outros episódios, que há clamorosas contradições e absurdidades no contexto bíblico e, se há contradições a razão nos diz que a Bíblia **não deve** ser tomada ao "pé da letra", nem vista como roteiro absoluto ou diretriz inquestionável.

Até mesmo no novo Testamento observa-se que, apesar das magníficas luzes do Evangelho, prevaleceram entre os apóstolos aquelas antigas ideias da salvação, ou do perdão que seria adquirido através de sacrifícios sangrentos, porque colocaram o sangue de Jesus como sendo o elemento de resgate dos pecados dos seus seguidores. E mesmo entre eles há controvérsias, pois uns defendem a salvação pelas obras, outros, pela graça e outros ainda, pelo sangue de Jesus.

E Jesus? Que tipo de ideias ensinou?

Quem estuda o Evangelho, sem preconceitos, nota logo que a grande preocupação do Mestre foi ensinar a prática do bem, enfatizar a necessidade de vivenciar-se o perdão pleno e incondicional, a fé, a humildade e a mansidão, e acima de tudo o amor a Deus e ao próximo. Ele condicionou a felicidade futura (o céu) à vivência do bem, quando falou dos que colocaria à sua direita e à sua esquerda, no grande julgamento. Não criou qualquer religião, apenas traçou uma forma de conduta, o tipo de atitudes que Seus seguidores deveriam adotar, dizendo mesmo que chegaria o dia em que Deus não seria adorado neste ou naquele lugar, mas sim, em espírito e verdade.

Por todas essas razões o Espiritismo extrai da Bíblia e, principalmente do Evangelho, o que é mais importante: os seus ensinamentos éticos, ou seja, tudo que pode contribuir para modificar a conduta do ser humano, tornando-o mais justo, mais limpo e fraterno.

A quem desejar estudar melhor essas questões, sugerimos a leitura do extraordinário livro de Jayme Andrade, *O Espiritismo e as Igrejas Reformadas*. Em 250 páginas o autor analisa a Bíblia e a evolução do cristianismo, passo a passo, com fartíssima bibliografia. Quem está habituado a ler a Bíblia sem analisá-la, assusta-se a cada passo pelo que vai encontrando, observando e confirmando, porque o autor, ao iniciar qualquer comentário, transcreve e identifica o texto bíblico que vai comentar, e que facilmente pode ser encontrado.

Ao acordar pela manhã não se esqueça
da prece. Você estará iniciando um novo dia,
uma nova etapa em sua evolução.
Os problemas da vida podem ser comparados
a um barbante cheio de nós
que é preciso desmanchar, deixando-o liso.
Se você começar a dar puxões nesse barbante
só vai apertar cada vez mais
esses nós, não é verdade?
Mas se passar a desmanchá-los
pacientemente, um por um,
logo terá todos desatados e o barbante liso.
Com os problemas é a mesma coisa.
Se ficamos nervosos, irritados, agressivos,
só conseguimos piorar a situação.
Mas se nos munimos de paciência e começamos
a trabalhar com fé, sabedoria e equilíbrio
logo teremos conseguido solucioná-los.

Que é Deus?

Deus tem sido visto pelo mundo cristão com aquela roupagem que o Velho Testamento lhe deu, ou seja, um velhinho vaidoso, um tanto tolo, incompetente, cruel, vingativo e sempre irado, além de arrependido de sua própria obra.

Mas essa é uma imagem absolutamente incompatível com a inimaginável grandeza do Soberano Senhor, Criador e mantenedor do universo, da vida e das leis que tudo regem. Se não somos sequer capazes de entender o infinito, nas dimensões do tempo e do espaço, não devemos ter a pretensão de querer definir Deus.

Na codificação da Doutrina Espírita, Kardec perguntou aos Espíritos Superiores que lhe respondiam as indagações: "Que é Deus?" A resposta foi:

"Deus é a Inteligência Suprema, Causa Primária de Todas as Coisas".

E continuaram os Espíritos a explicar, dizendo que Ele é eterno, imutável, imaterial, único, onipotente e soberanamente justo e bom.

Essa questão sobre Deus está muito bem definida e detalhada no primeiro capítulo de *O Livro dos Espíritos*, obra basilar da codificação da Doutrina Espírita.

O Espírito Miramez, no livro *Filosofia Espírita*, vol.1, psicografado por João Nunes Maia, falando sobre Deus, assim se expressa:

"A Suprema Majestade do Universo é, por dignidade própria, o Inconcebível e o Incomparável. Nada se pode comparar ao Arquiteto Universal; da Sua vida estuante e vigorosa saem vidas com a marca do Seu amor. Somos todos filhos do Amor".

"Nós, os Espíritos encarnados e desencarnados devemos nos contentar em sentir Deus em todas as coisas, sem pretender o conhecimento completo da Sua magnânima natureza. Somente Ele conhece a si mesmo".

"Deus é infinito nas Suas perfeições, nas qualidades inerentes à Sua personalidade que se irradia em todas as direções, que sustenta e dá existência a todas as dimensões do existir. Ele está presente nas claridades do máximo e na luz do mínimo; vibra nas formas das estrelas e canta nos movimentos dos átomos, faz mover todas as constelações e harmoniza todo o ninho cósmico".

Desarmonia

Em todas as situações de beligerância, quando nos encontramos zangados, irados, magoados, ofendidos... é importante lembrar que estes são estados de espírito muito negativos.

Nesses casos, e sempre que a desarmonia se instalar em seu interior, procure mudar urgentemente esse quadro. Você pode consegui-lo com o seguinte exercício:

Respire fundo algumas vezes, calma e compassadamente, procurando relaxar.

Pense na paz, na harmonia... Procure harmonizar-se com tudo e com todos. Tente passar essa harmonia para a pessoa que gerou essa situação. Pense nela com amor, carinho, ternura. Visualize-a (veja-a mentalmente) em paz, com bom humor e contentamento. Dirija-se a ela, mentalmente, dizendo: "Quero que estejas bem. Quero que estejas em paz, com saúde, alegria e bem-estar. Que Deus te abençoe e faça feliz".

Esse procedimento é, por vezes, muito difícil, mas lembramos do que disse Jesus: "Estreita é a porta e difícil o caminho da salvação, e poucos são os que entram por ela". E podemos afirmar, sem medo de errar, que no esforço para seguir por esse caminho vamos encontrando as mais verdadeiras recompensas em termos de paz e contentamento, sem falar nos efeitos benéficos que vai gerando para a nossa vida profissional e social, assim como, também, para a saúde física e mental.

Jesus, ao resumir toda a lei,
sintetizou-a no amor, não como
preceito religioso, mas como
verdade científica e cósmica.

Força de vontade

A força de vontade é a primeira chave a ser usada por quem deseja crescer, seja espiritual, seja materialmente.

A ciência espírita, que é a ciência da própria Vida, nos ensina que a saúde e a doença, a felicidade e a infelicidade são produzidas por nós mesmos.

Essa não é uma questão mística, mas científica.

O que nos adoece são as energias psíquicas de teor negativo que geramos e armazenamos em nosso organismo espiritual, tanto nesta, quanto nas passadas encarnações. Essas energias materializam-se no corpo carnal em órgãos mais vulneráveis, ou de acordo com certas afinidades, produzindo doenças.

As fontes geradoras dessas energias de baixo teor vibratório estão em todas as atitudes contrárias às Leis de Deus. Essas Leis como sabemos, estão sempre assentadas no amor... amor a Deus, ao próximo, a nós mesmos, à natureza... A tudo e a todos.

Quando ferimos uma ou mais dessas Leis, ferimos a própria Vida e recebemos o retorno em forma de sofrimento. Esse é o mecanismo do nosso aprendizado, do nosso crescimento interior.

Por isso é tão importante a disciplina mental, a educação da mente, o aprender a comandar conscientemente a nós mesmos. Só assim, através desse comando consciente, poderemos controlar nossas atitudes e ações, orientando-as pelas diretrizes da Lei Maior. Essa é a receita da felicidade e do bem-estar.

Mas há um grande entrave para qualquer trabalho interior que busque a referida disciplina: é a fraca vontade, aquela vontade tíbia que "não consegue ligar o motor"; que produz apatia espiritual e favorece o comodismo.

Por isso achamos importante repassar a quem se interessar, o seguinte exercício:

Pela manhã, antes de levantar, pense em alguma conquista ou aquisição já realizada; recorde os detalhes das ocorrências e do labor que empregou nessa aquisição.

À noite, faça um relax: deitado ou sentado com as costas retas e apoiadas, faça algumas respirações profundas e compassadas, para harmonizar os ritmos internos. Dê a si mesmo um comando de bem-estar.

Relaxe todas as partes do corpo. Sinta o corpo, parte por parte, começando pelos pés. Movimente-os levemente para senti-los bem; sinta as pernas, as coxas, os quadris, o abdômen, as costas, o tórax... Continue essa viagem pelas mãos, os braços, ombros, pescoço, rosto e cabeça, terminando no cérebro.

Imagine seu cérebro todo iluminado por uma luz branda e serena.

Formule então, com clareza e precisão a seguinte ideia:

TENHO UMA VONTADE FIRME E REALIZADORA.

Repita várias vezes essa ideia, sentindo-a profundamente, impregnando-a com seu próprio potencial emocional, fazendo com que penetre em cada célula do corpo. Sinta crescer nas profundezas do EU a energia que essa afirmação vai gerando.

Sempre que se lembrar, durante o dia, repita esse exercício, mesmo sem o relax, apenas com algumas respirações profundas para harmonizar os ritmos internos.

Quando perceber que sua vontade está se tornando realmente firme e realizadora é hora de começar a observar a própria vida interior, o pensamento, as emoções, as reações... visando iniciar um trabalho de educação e disciplina da mente e, consequentemente, das atitudes e ações.

Observando e analisando continuamente nossa vida mental e, também, o que falamos e como agimos, vamos criando um censor interno que passa a nos alertar sempre que fugimos ao roteiro estabelecido pela consciência. É um grande passo em nosso crescimento interior.

Procure sentir o amor em sua mais
pura radiação...e verá logo uma
diferença em seu próprio
estado psicológico e físico.
A mente fica mais lúcida e um
bem-estar indefinível toma conta
de seu ser e você se sente calmo,
sereno e de bem com a vida.

Crescimento interior

Por que se fala tanto nos meios espíritas sobre a reforma interior?

Porque ela é necessária para melhorar o mundo; transformá-lo num lugar habitável.

Também é importante para o nosso bem-estar interno.

Se as condições externas são importantes para o nosso bem-estar, as internas o são muito mais. Isto porque as externas modificam-se, são transitórias. Num momento podemos estar muito bem, com saúde, família, profissão e recursos materiais, tudo em harmonia com nossos desejos. Mas não há qualquer garantia de que isto não possa mudar de um instante para outro. Num segundo, milhões de pessoas vêem suas vidas e felicidade destroçadas, caindo do topo do bem-estar no abismo dos sofrimentos.

Já as condições internas mais maduras, melhor desenvolvidas são a nossa âncora segura nos momentos difíceis e garantia de bem-estar nas horas leves; são geradoras de saúde e equilíbrio físico; são também balizas que sinalizam e definem nossas programações de vida para os futuros anos e próximas encarnações.

Os Espíritos Superiores, na codificação do Espiritismo, explicaram que os seres humanos são constituídos de um princípio espiritual, ou Espírito; de um corpo espiritual, ou perispírito, e do corpo carnal. Somos, portanto, um ser bem mais complexo do que comumente se supõe.

Uma das leis divinas é a da evolução. Tudo evolui. Todos saímos um dia das luminosas mãos do Criador, para adquirirmos valores próprios e um dia retornarmos a Ele. A parábola do filho pródigo reflete essa viagem de ida e volta. As lutas do cotidiano, os sofrimentos, dificuldades e aflições são as forças da vida que nos fazem evoluir. Sem dor não há crescimento espiritual nesta fase evolutiva em que nos encontramos.

A lei de causa e efeito ou ação e reação é um dos mecanismos do nosso crescimento, por nos fazer sentir na própria pele o mal que fazemos aos outros; por cobrar na mesma moeda nossas ações contra a vida, o próximo e contra nós mesmos. Mas esse mecanismo também nos devolve em bênçãos todo o bem que fazemos.

Nesses percursos regidos pela lei de ação e reação vamos descobrindo que a atitude mais conveniente e a mais sábia é a de trabalharmos mais intensamente pelo próprio crescimento interior ou evolução. É a única maneira de mais rapidamente nos livrarmos do sofrimento.

Ao longo dos milênios, evoluindo através do reinos inferiores até chegarmos no humano, estivemos construindo nosso corpo espiritual, adquirindo e desenvolvendo os valores orgânicos que hoje possuímos. Agora, no reino humano, além do desenvolvimento das faculdades intelectivas e psíquicas, nossa meta é o ganho dos valores da alma, a capacidade de convivermos bem uns com os outros neste infinito laboratório cósmico, como trabalhadores conscientes na obra do Pai.

Mas esse crescimento nem sempre nos agrada porque requer esforço.

Se nos reinos inferiores evoluímos de forma inconsciente, através das lutas, dores e dificuldades naturais daquela fase, hoje, no uso da razão, podemos buscar meios para mais rápida evolução. Só assim poderemos ultrapassar mais depressa esta etapa que é de angústias, aflições e dores necessárias ao nosso aprendizado, à nossa harmonização com a vida, o universo e as Leis Maiores. Esse também é o caminho pelo qual iremos despertando os altos valores que existem latentes em nossos Espíritos.

O Espiritismo chegou na fase final do atual ciclo evolutivo da Terra com a finalidade de ajudar o ser humano nesta transição, exortando ao bom procedimento, às atitudes nobres, justas e fraternas, enfim, à vivência da ética cósmica.

Se você, leitor amigo, deseja dar os primeiros passos nesse caminho, caso ainda não os tenha dado, pode começar pelos seguintes:

1 - Criar o hábito de vigiar os próprios pensamentos, sentimentos e emoções; observá-los e analisá-los para ver se lhe servem ou não;

2 - Aprender a desfazer as ideias, pensamentos e sentimentos imprestáveis, substituindo-os por outros de melhor qualidade;

3 - Despertar a luz que há em seu interior através de leituras e conversas de caráter nobre e elevado. Isto também pode ser feito com o uso de engramas (ordens ou induções mentais) que podem ser pensados ou mesmo falados a qualquer momento, tais como:

a) quero que minha mente desenvolva ideias e pensamentos positivos de paz, alegria, otimismo, fraternidade e fé;

b) quero que meus sentimentos e emoções vibrem na paz, harmonia, alegria e amor;

c) quero ser uma presença benéfica onde estiver;

d) paz e harmonia em todo o meu ser.

Outro comando fundamentalmente importante é a vibração de amor dirigida às pessoas que encontrar ou nas quais pensar, acompanhada de pensamentos, tipo:

— Que você esteja em paz, tenha alegria, saúde e bem-estar. Que tenha luz em sua mente... amor em seu coração.

Em situações de discórdia, ou na presença ou proximidades de algum desafeto dizer mentalmente:

— Que você esteja em paz, fulano... paz e harmonia em sua mente... no seu coração. Paz e amor em minha mente... no meu coração.

É claro que esses engramas ou comandos, para surtirem efeito, precisam ser mentalizados, envolvendo todo o ser na essência das ideias que representam, sentindo-as na alma e no corpo.

Outro recurso importantíssimo, fundamental, é a oração, o contínuo ligar-se espiritualmente às faixas mais nobres da vida;

não tanto o pedir, mas principalmente o ligar-se, elevar-se, alargar as próprias fronteiras espirituais, extrapolar as dimensões interiores e sintonizar com os ambientes vibratórios mais elevados, com as faixas de pensamento superior. A oração pode ser formulada com palavras, mas pode também dispensá-las, bastando abrir o mundo interior para o Alto, assim como a flor que se abre para a luz solar, beneficiando-se com seus raios e irradiando ao mesmo tempo sentimentos de amor e gratidão ao Senhor da Vida.

A oração gera forças incalculáveis dentro de nós e, quando vibra nas faixas do amor, produz o mais elevado teor vibratório que somos capazes de alcançar. E é oportuno lembrar que essa elevação do teor vibratório possibilita a "queima" de energias negativas do nosso sistema energético.

Pensamentos, sentimentos e emoções de amor, fé e alegria vibram positivamente em toda a estrutura psíquica e espiritual, alcançando o organismo.

O perdão

Todo cristão sabe que o perdão é a base do cristianismo porque vem embutido naquele mandamento mais importante, o do amor, pois quem ama, perdoa.

E o Espiritismo vem então esclarecer sobre o "porquê" da necessidade do perdão, mostrando como ele é benéfico a quem o pratica.

Quando perdoamos verdadeiramente todas as ofensas, ficamos em paz com a vida; relaxamos, eliminando as tensões, porque o ódio, o rancor, os ressentimentos e mágoas ficam girando na mente e nas emoções, passando tensão para todo o corpo. Além disso, geram energia psíquica de natureza negativa que vai se acumulando no corpo espiritual, produzindo zonas de fragilidade no corpo carnal.

Perdoar é abrir as algemas que nos prendem ao desafeto. É libertar-nos de um grande peso e das amarras da inferioridade, permitindo-nos caminhar com a alma leve e mais iluminada.

O perdão nos predispõe à mansuetude, à paz, à harmonia e ao equilíbrio. Perdoar sem restrições, sem condições, abre nosso Espírito para as vibrações superiores e nos deixa de bem com a vida.

Pesquisas científicas tem comprovado que o estado de perdão fortalece o sistema imunológico, com infinitos benefícios para o organismo.

Perdoar, portanto, é o melhor dos remédios para muitas doenças, assim como para ajudar a preveni-las. Além disso, gera um campo magnético simpático, abrindo muitas portas.

Não vale a pena odiar... Odiar é bobagem.

Não vale a pena vingar-se... A vingança é tolice. É própria de Espíritos mesquinhos.

Guardar mágoas, rancores ou ressentimentos é pequenez de espírito.

O perdão é grandeza d'alma e fica bem mais fácil praticá-lo quando compreendemos que aquele que nos fere está apenas vivenciando atitudes próprias à sua faixa evolutiva, ou então passando por algum momento ruim. O perdão, em qualquer circunstância, é sempre muito benéfico, em todos os sentidos.

Caridade

Uma das garantias que podemos ter sobre a procedência superior da Doutrina Espírita está em seu lema "FORA DA CARIDADE NÃO HÁ SALVAÇÃO", porque esse pensamento enfeixa todo o universo dos ensinamentos de Jesus.

Quando o Mestre anunciou a vinda do Consolador, o Espírito de Verdade, informou que ele viria nos ensinar tudo o que Ele, Jesus, não poderia dizer naquela época, pois não poderiam entender tais ensinamentos. Informou ainda que a missão do Consolador seria também a de nos fazer lembrar os Seus ensinamentos, ou seja, os do Evangelho.

Isto cumpriu-se com o advento do Espiritismo na metade do século dezenove. Todo o desenvolvimento da sua codificação foi supervisionado pelo Espírito de Verdade que, além dos novos conhecimentos que trouxe, teve ainda o cuidado de nos relembrar, e com muito vigor, os ensinamentos de Jesus. Esses ensinamentos, aliás, representam todo o fundamento moral da Doutrina Espírita e encontram-se magnificamente explicados e comentados por Allan Kardec e pelos Espíritos Superiores no livro *O Evangelho segundo o Espiritismo*.

Já o conhecimento espírita, o universo de informações trazidas pelo mundo espiritual está contido em *O Livro dos Espíritos* e nas demais obras da codificação.

Os ensinamentos de Jesus, na verdade, estavam e ainda continuam muito esquecidos no contexto das religiões cristãs e um dos papéis do Espiritismo é o de relembrá-los, trazê-los novamente à luz, mostrá-los como roteiro aos seguidores do Cristo, dando ênfase especial à caridade, ao amor, posto que o Mestre resumiu toda a lei e os profetas numa só instrução:

"Ama a Deus sobre todas as coisas e ao próximo como a ti mesmo".

A palavra caridade nem sempre é bem compreendida. Ela deve ser fruto do amor. Dar esmola, um prato de comida, não é caridade se não for dado por amor.

A caridade não está no ato de dar, mas no sentimento.

Geralmente, quando damos algo a um necessitado, o fazemos na intenção de ganhar um melhor lugar no "lado de lá" depois da morte, ou então, para que os outros nos admirem pela nossa bondade. Mas isto chama-se egoísmo e não, amor.

Quem dá um prato de comida a um faminto ou outra doação qualquer, pensando que por isso conquista méritos espirituais, está enganado. Disse Miramez: "Os Espíritos Superiores nunca se admiram com o bem que as criaturas por vezes fazem porque esse é o dever de cada um".

Se a Grande Lei manda amar o próximo nós devemos amá-lo e, se o amamos, faremos o possível para ajudá-lo em suas dificuldades.

Não de forma indiscriminada mas com sensatez, equilíbrio e sabedoria, porque a caridade só deve ir até onde não se faça em ninho para aproveitadores.

A bondade, as boas ações, devem fazer parte do nosso cotidiano, não como uma obrigação que nos foi imposta, nem como compra de ingresso em regiões luminosas depois da morte. As boas ações devem resultar dos nossos sentimentos de amor.

O amor é força de Deus em nós, é luz, é alegria. Vivenciando-o estamos fazendo bem a nós mesmos e não devemos pensar em outro tipo de recompensas. Será que Deus deve nos recompensar pelos bons sentimentos que nutrimos? Seria o mesmo que os pais premiarem os filhos pelas boas notas que tiveram nos estudos, quando essas boas notas beneficiam ao próprio estudante, influindo em seu futuro.

Também é importante repensarmos o significado da palavra caridade, lembrando o que disse o apóstolo Paulo sobre ela:

"A caridade é paciente; é branda e benfazeja; não é invejosa; não se enche de orgulho; não se agasta nem se azeda com coisa alguma; não suspeita mal; não se rejubila com a injustiça, mas sim, com a verdade; tudo suporta, tudo crê, tudo espera, tudo sofre".

Vemos aí quão mal compreendemos e praticamos a caridade. Ela é muito mais ampla e abrangente do que se pensa. É a presença do amor universal esplendendo no coração e nas atitudes de alguém.

A caridade é, na verdade, a marca do verdadeiro cristão.

Jesus nunca falou em rituais, hierarquias sacerdotais, imagens, templos, ou mesmo religiões. Ele não veio para fundar igrejas, mas tão-somente para nos ensinar uma forma de conduta inteiramente assentada no amor.

A mansidão e a humildade

Em certa ocasião Jesus disse a seus seguidores: "Aprendei de mim que sou manso e humilde de coração". Disse também: "Bem-aventurados os mansos porque herdarão a Terra".

Isto foi dito há dois mil anos, mas continuamos ainda a ser agressivos e orgulhosos.

Se alguém nos dá um encontrão na rua ou uma fechada em nosso carro, reagimos com violência. Se o filho do vizinho incomoda o nosso, ensinamos logo ao nosso filho a reagir de forma agressiva.

Acreditando que a criatura deve defender-se, respondemos na mesma medida às agressões que recebemos e, às vezes, até com acréscimos. Isto, quando não estamos temendo pela nossa integridade física. Mas o Mestre ensinou que devemos perdoar sempre, ser mansos e humildes de coração.

Informam os Espíritos que a Terra deverá tornar-se em mundo de paz e fraternidade; que as criaturas orgulhosas, impenitentes, gananciosas, imorais e perversas serão expulsas daqui para começarem a reencarnar em mundos inferiores.

Essa transformação, no entanto, não vai acontecer assim, num passe de mágica mas através do esforço pessoal de cada um. Para isso é preciso começarmos desde agora a ser mansos, humildes, fraternos e limpos de coração.

Muitos pensam que não é da sua responsabilidade o trabalho de modificar o mundo, mas se quisermos continuar a viver nele, na próxima civilização, precisamos começar o trabalho da nossa renovação agora. Isto é imprescindível para que na seleção entre os bons e os maus que, certamente, já está em andamento, possamos ser colocados à direita do Cristo e permanecer na Terra ajudando a transformá-la num mundo melhor.

Um bom método que ajuda bastante nessa tarefa da renovação interior é o seguinte:

a) Escolher uma entre as horas do dia e durante essa hora fazer o possível para ser manso, humilde e bondoso. Haja o que houver, não irritar-se, não magoar-se, não responder a um insulto recebido; limpar a mente dos pensamentos de orgulho, ganância, inveja e maldade; tratar todas as criaturas com bondade e gentileza; durante essa hora, a hora da reforma interior, ajudar a alguém, se tiver oportunidade.

b) Quando já tiver conseguido viver uma hora por dia da forma como foi colocada, aumentar esse período para duas horas diárias, depois para três, quatro, e assim por diante, até conseguir viver as vinte e quatro horas do dia dessa maneira... a maneira como o Mestre recomendou.

Se Deus é Pai, conforme afirmou Jesus,
sua palavra jamais vibraria no ódio,
na vingaça, nem em castigos, mas em
suaves convites ao bem, à vivência

do amor, do perdão e da paz. Ele foi vendido por
trinta dinheiros e traído pelo beijo de Judas,
que assim o mostrava àqueles que iam
prendê-lo, mas nada disse.
Irradiando paz e compreensão curou
a orelha do servo do sumo sacerdote,
que acompanhava seus algozes.
Foi insultado e acusado, sendo
o mais inocente de todos.
Condenado e pregado na cruz, sofrendo
as mais terríveis dores e angústias, sua
resposta vibrou no Gólgota, com toda
a força do seu amor, quando clamou:
"Pai, perdoa-lhes. Eles não sabem o que fazem".

Olhai as aves do céu

Numa das mais belas passagens do Evangelho, diante da multidão de pessoas sofredoras, vendo suas angústias e aflições, Jesus lhes diz:

"Não vos aflijais tanto com o dia de amanhã. A cada dia bastam as suas aflições. Olhai as aves do céu, que não semeiam nem ceifam, nem guardam em celeiros... No entanto, não lhes falta o necessário porque o Pai Celestial sustenta a todas elas. Olhai os lírios do campo, que não fiam e nem tecem... No entanto vos digo que nem Salomão, em toda a sua grandeza, jamais se vestiu como qualquer deles".

Que bonitas essas palavras do Mestre. Como calam fundo em nossos corações nesta época em que as crises, a violência, as ameaças ecológicas, climáticas, de guerras atômicas, biológicas ou outras tantas vem escurecendo nossos horizontes.

A Terra está passando por períodos muito difíceis, carregando de aflição os corações humanos, mas lembremos do sábio dito popular: "A hora mais escura da noite é aquela que antecede o alvorecer".

Nós estamos, certamente, nessa hora escura da noite planetária, mas se temos fé e confiamos na justiça e bondade do Pai Celestial, podemos começar a entrever as claridades da aurora... Aurora de um novo dia para nossa humanidade.

Os Espíritos Superiores informam que a Terra está para mudar de grau; deixará de ser mundo de expiação para ser de regeneração. Mas como, se os que mandam, dominam, governam, são em sua imensa maioria gananciosos, corruptos, orgulhosos e insensíveis ao sofrimento do próximo?

Eles explicam então, que os maus, gananciosos e antifraternos, assim como todos esses que fazem do nosso planeta um verdadeiro inferno, serão expulsos para mundos inferiores, primitivos. Esse expurgo deverá ocorrer no plano espiritual, depois que esses opressores forem morrendo, chegada a hora de cada um.

E com a Terra livre, enfim, dessa carga perniciosa, será possível iniciar-se a construção da nova civilização, uma nova era para a humanidade.

Por isso, nos momentos de aflição e desesperança, quando vemos a violência e a injustiça atingindo tanta gente inocente, é bom pensar que tudo isto começará a mudar. Será uma mudança lenta mas contínua, com a qual todos podemos colaborar, fazendo a nossa parte.

Lembremos as palavras de Jesus, quando disse que os maus serão expulsos para as trevas exteriores, enquanto os bons herdarão a Terra. Mas, para herdarmos a Terra da nova civilização, teremos de trabalhar para merecê-la e esse trabalho começa pela nossa reforma interior, pelo despertamento das qualidades divinas que dormem na intimidade da nossa alma.

Nascer, morrer, renascer ainda e progredir continuamente, tal é a lei.

A fraternidade e o contentamento
refletem o esplendor das leis de Deus.
Imprimir continuamente
esses valores em nosso ser
é caminhar nessa luz.
Quando sentir-se desalentado,
receoso, com aquele medo indefinido
que tantas vezes nos assalta,
lembra que o medo é uma emoção
negativa, que abre canais de acesso
a vibrações de baixo teor.

Sugestão:

Respire calma e profundamente algumas vezes, dando a si mesmo um comando para relaxar. Mentalize todo o seu ser cercado por uma luz protetora, cuja fonte está no Criador. Sinta-se protegido, otimista e forte.

A prece

Disse Jesus em certa ocasião que chegaria o dia em que não seriam necessários templos para se adorar Deus, pois as criaturas aprenderiam que Ele, sendo espírito, deve ser adorado em espírito e verdade, e não em atos exteriores.

De fato, o melhor de todos os templos para se adorar o Pai é o templo do coração, a igreja da alma, onde no augusto silêncio da meditação e da prece podemos sintonizar com faixas mais elevadas e receber as mais sublimes bênçãos ao Alto.

Através das revelações e explicações do Espiritismo, começamos a compreender que a verdadeira oração a Deus consiste em procurarmos fazer a Sua vontade.

De que adianta frequentarmos igrejas, templos, centros espíritas ou outros, se à saída retomamos nossas velhas imperfeições? De que adianta adentrarmos os templos da nossa fé, se trazemos a mente carregada de maus pensamentos, se o coração não perdoa e as emoções ficam girando em torno dos interesses materiais e das paixões inferiores?

Jesus foi muito claro ao dizer: "Antes de entrares no templo para fazeres tua oferenda, vai e reconcilia-te com teu inimigo". Isto significa que para entrarmos em contato com as forças mais altas devemos primeiro limpar o coração de todos os ódios, das mágoas e das sujeiras que ali desenvolvemos com nossas atitudes antifraternas.

Se fazemos diariamente a limpeza da nossa casa, deveríamos também tratar de limpar nossa moradia espiritual, nosso interior. Somos sempre visitados por mensageiros divinos, os bons Espíritos, e eles nos enxergam por dentro, vendo nossos sentimentos e pensamentos mais secretos, assim como o lixo que acumulamos através da nossa conduta.

É preciso aprendermos a orar, não abusando das sublimes dimensões da prece. Esse abuso está nas orações decoradas, recitadas de forma automática; está nos pedidos mesquinhos, egoístas e anti-fraternos.

Deus nos ajuda na medida das nossas necessidades e a maior importância da prece está no bem que ela nos faz. Ela nos torna receptivos, dinamiza nossa fé e nos permite sintonizar com faixas mais altas. É por esses canais que os Espíritos benfeitores nos inspiram em nome do Pai.

A oração, para produzir efeito, precisa sair das profundezas da alma, em alta vibração de fé e amor, conduzindo pedidos legítimos.

Podemos e devemos pedir ajuda a Deus nas horas da dificuldade e nos momentos de aflição. Mas a melhor das preces é aquela em que solicitamos ao Senhor da Vida ajuda para vencermos nossas imperfeições e, também, quando Lhe agradecemos por tudo que a vida nos dá.

Outra rogativa benéfica é quando pedimos por outras pessoas, principalmente por aquelas que não estão ligadas a nós por laços de afeto ou demais interesses. É quando pedimos a Deus pelos que sofrem, pelo doente anônimo, pelos viciados e os criminosos; é quando pedimos ao Senhor da Vida pela paz na Terra, pela justiça social, pela fraternidade entre todos e também por aqueles que governam, para que governem melhor.

Para falar com Deus não precisamos recitar preces bonitas nem frases rebuscadas. Ele não se importa com isso, mas sim com a sinceridade dos nossos corações e com os esforços que fazemos para cumprir Sua Lei.

Uma coisa muito errada, mesmo indigna, é aquele velho costume de se querer subornar seres superiores, como por exemplo: "Meu querido santo fulano... se me deres tal coisa prometo acender uma vela do meu tamanho diante da tua imagem". Esse tipo de atitude é muito comum, como se esses seres estivessem precisando dos favores humanos; como se vendessem sua ajuda; como se barganhassem com os valores terrenos e as bênçãos de Deus, e como se sentissem prazer com velas ou outro tipo de promessas.

Será que o Soberano Senhor nos vende suas bênçãos? Ou pagamos nós pela luz do Sol, pela chuva, ou os pássaros e as flores que enfeitam e alegram nossa vida? Será que damos algo em troca do céu azul ou das noites estreladas, do murmúrio do vento ou dos sons da vida que dão contentamento ao coração? Pagamos algo pela faculdade da visão, da fala ou da audição? Podemos acaso comprar a amizade ou o amor, que são o fundamento e a própria razão do existir?

Nessa questão da oração também não devemos nos esquecer do quanto Jesus salientava a importância do merecimento, quando dizia: "A cada um será dado de acordo com suas obras".

Orar é abrir nosso interior para a luz de Deus, é falar com o Pai, com o profundo amor e respeito que Lhe devemos.

Conta-se que um velho escravo tinha muita vontade de entrar na capela da fazenda, mas isto era proibido. Ele conhecia a história de Nosso Senhor e amava muito aquele Sinhôzinho branco, tão bom que havia morrido na cruz, pelo amor que tinha por todas as pessoas.

Nos dias de domingo, quando a capela se enchia de gente, o velho escravo ajoelhava-se em meio ao matagal e, olhando de longe aqueles vitrais coloridos, a cruz ao alto, tirava o chapéu com muita humildade e respeito, dizendo: "Meu Sinhôzinho Jesus Cristo, nego veio tá qui..."

Sem dúvida Nosso Senhor ouvia a prece do velho escravo, envolvendo seu coração em profunda harmonia e paz.

Mas será que Ele ouvia as orações orgulhosas, frias e decoradas da maioria dos que lotavam a capela?

*O **sentimento fraterno**, no âmbito físico,*
tem o poder de relaxar, eliminar estresse
e possibilitar melhor circulação
de energias no organismo.
Equivale a saúde e bem-estar.
No âmbito espiritual atua como antídoto
para o orgulho, o egoísmo, a ambição,
a vaidade, a ganância, a agressividade e inúmeros outros valores negativos.
Predispõe à paz, brandura, justiça, bom relacionamento, compreensão, tolerância,
equilíbrio e diversos outros valores positivos,
abrindo caminho para a sabedoria.

*O **contentamento** é um elixir de vida,*
saúde e bem-estar. Previne a depressão e
fortalece o sistema imunológico,
além de inúmeros outros benefícios.

A melhor, mais completa e simples de todas as sugestões:

Sempre que lembrar (cuidar de lembrar-se sempre) imprimir em si mesmo um sentimento de fraternidade e de contentamento.

Humor

Como é o seu humor, amigo leitor? Já se fez esta pergunta alguma vez? Já se ocupou em analisar o seu habitual estado de espírito?

Se você é uma pessoa normalmente bem humorada dê graças a Deus e continue a cultivar essa atitude tão benéfica, tanto quanto puder. É a melhor receita para uma boa saúde e também para a prosperidade material, isto, quando não houver maiores entraves de natureza kármica.

Mas se você é mal humorado, se vive a reclamar de tudo, a se queixar e lamentar; se vive torcendo o nariz para tudo e procurando razões para alimentar críticas e censuras, cuidado! Você está no caminho da aflição e, o que é pior, aflige também as pessoas com as quais convive.

O mau humor é o primeiro passo no círculo vicioso da aflição, do problema, da doença, da solidão e do desespero.

Ninguém gosta da presença do mal-humorado. Ele é sempre um "estraga-prazer". Uma pessoa assim, tem muito maiores dificuldades para manter o emprego, ou para ter sucesso em profissões ou atividades onde tenha que lidar com pessoas.

O mal-humorado carrega em torno de si uma psicosfera pesada, um campo magnético negativo, desagradável, repulsivo e que também atrai Espíritos que vibram na mesma faixa. Imagine, então, uma pessoa mal humorada cercada por seres espirituais do mesmo tipo... Que tremenda fábrica de vibrações pesadas, maléficas!

Quando você está num ambiente agradável e entra alguém mal-humorado, o efeito é o mesmo de uma nuvem escura cobrindo o azul do céu; é o mesmo que jogar um balde de água fria numa boa fervura.

O mal-humorado, além de agredir os outros com seu aspecto e um campo magnético carregado, agride em primeiro lugar a si mesmo, por gerar energias pesadas que irão aderir ao seu corpo espiritual, produzindo inúmeros males.

Se você, caro leitor, costuma cultivar o mau humor, pense no que dissemos; analise as suas reações, seus ambientes, sua vida. Pense naqueles que o cercam e veja se vale a pena continuar a cultivar tão deprimentes atitudes.

Pois bem, se achar que deve mudar de humor; que deseja modificar sua postura, vai aí uma receitazinha:

Todos os dias, pela manhã, ao acordar, faça algumas respirações profundas para harmonizar os ritmos internos. Em seguida, comece a pensar e a meditar na alegria, no contentamento e em alguma coisa boa que lhe dá prazer. Pense no seu corpo, nesse milagre da natureza, máquina fabulosa comandada pelo cérebro, cujas funções harmoniosas lhe facultam locomover-se, falar, escutar, ver, sentir, amar, enfim, viver. Pense nessa máquina divina e agradeça ao Criador por possuí-la. Volte seu pensamento para as árvores, as flores, a alegria que há na Natureza. Lembre-se de quando chove, como a vegetação dá a impressão de estar toda alvoroçada, sorrindo e cantando o contentamento de viver.

Pense na alegria presente no ar, na leveza da brisa, das nuvens branquinhas, no Sol que ilumina e dá vida ao nosso planeta.

Imagine como seria se não existissem plantas, animais, lua e o Sol... Mas lembre-se de que eles existem e que foram criados pelo Senhor da Vida, para felicidade de todos nós.

Não importa por onde caminhe seu pensamento, desde que pense e medite na alegria, procurando sentir contentamento e gratidão. Verá como em pouco tempo vai sentir-se mais leve e começará a ver a Vida com bons olhos.

É possível que você entenda não ter razões para sentir alegria. Não deixe, no entanto, essas ideias tomarem conta; elas são o resultado de seu sistema energético saturado de energias incompatíveis. Corte-as pela raiz e pense com toda firmeza: "quero estar alegre, tranquilo, contente e bem-humorado a partir de agora".

Mas não fique só nisso. Continue com essas disposições, esses pensamentos e sentimentos de alegria e bom humor durante todo o dia. Aprenda a dar ordens a si mesmo. Comandar a própria mente e emoções equivale ao primeiro passo no aprendizado da ciência do bem viver.

Não é, porém, uma fácil tarefa; é bastante difícil, porque não é num simples estalar de dedos que conseguimos mudar uma característica do nosso temperamento, adquirida e enraizada em nossa alma no decorrer dos anos ou das encarnações.

Mas se lembrar-se de que o mau humor é péssimo para si mesmo e para aqueles com os quais convive; que é caminho para a aflição, problemas variados e mesmo enfermidades... é certo que vai conseguir mudar esse quadro. Peça ajuda a Deus e aos amigos espirituais. Eles sempre ajudam quando damos os primeiros passos em qualquer rumo da evolução.

Inveja

Vamos falar neste capítulo sobre uma coisa muito comum e cujos efeitos todos conhecem: a inveja. Ela resulta da mistura do pensamento e do sentimento mesquinho de alguém que não se contenta com o que possui e fica desejando o que não lhe pertence.

Mas como combater as cargas de energia negativa que o invejoso lança sobre nós? Gerando forças positivas, magnetismo de elevado teor.

Quando vibramos numa frequência de elevado teor, estamos criando em torno de nós uma aura capaz de nos defender, não só da inveja mas também de outros malefícios. É uma energia que geramos através da nossa vivência fraterna e pelo cultivo dos valores do otimismo, da confiança, da fé, e de todas aquelas virtudes que o Cristo ensinou. Uma vontade positiva e forte também é fundamental para nossa defesa.

Nossos sentimentos, pensamentos e emoções são forças vivas que geramos e que passam a circular em nosso sistema energético, extrapolando-o e formando em torno de nós um campo, ou aura, que até pode ser fotografada. E foram os cientistas ex-soviéticos que descobriram isto. A aura do corpo bioplásmico (energético ou vital) é fotografável e pode ser observada em seus detalhes, com toda a sua exuberância de cores, através do processo kirlian.

Alguns pesquisadores fotografaram a aura antes, durante e após o "passe" e puderam constatar fotograficamente a transfusão energética de uma pessoa para outra.

As pessoas otimistas, dinâmicas, confiantes, são muito menos afetadas pela inveja, pelas obsessões, os "trabalhos de Terreiro", as más vibrações, o ódio etc. Mas as pessoas pessimistas, que estão sempre vendo desgraças em toda parte, que vivem a se queixar de tudo, são bem mais frágeis diante das agressões mentais ou astrais.

Isto acontece porque as Leis de Deus foram elaboradas visando nossa evolução e crescimento interior, e, é justamente nesse labor que empregamos para vencer as dificuldades e os embaraços da vida, que evoluímos. Os problemas e a luta pela sobrevivência nos dão experiência e capacidade e nesse esforço adquirimos competência, aptidões, força interior, paciência e demais valores.

O nosso mundo íntimo, ambiente da alma, nossa mente, nossa consciência em seus diversos níveis é nutrido pelas forças divinas, pelo fluido cósmico, pelo amor universal. E conforme crescemos em nossas capacidades relativas à vivência material, não podemos nos descuidar do crescimento espiritual, para que não ocorra desequilíbrio evolutivo. Isto porque, se crescemos em capacidades terrenas e intelectuais, mas estacionamos no desenvolvimento das qualidades divinas, nosso psiquismo acaba por se desarmonizar.

É por isso que Deus permite haja tanta inveja na Terra, tanta obsessão, tanta perseguição espiritual. Essas forças negativas representam na verdade chamamentos, para que nos lembremos de desenvolver também os valores espirituais.

As pessoas que vivenciam o desamor, a violência, a desonestidade, a imoralidade, a ganância e outros assemelhados, estão criando vínculos com a sombra, com as forças negativas e ficam, por isso, mais sujeitas à desarmonia interior. Mas as que procuram vivenciar as virtudes do Evangelho estão começando a construir as melhores condições de defesa contra a inveja e demais energias negativas que possam ser lançadas sobre elas.

Desfrutar os bons momentos, falar neles, contá-los a outras pessoas, relembrá-los equivale a gerar "memória" positiva, antidepressiva. Quanto aos sofrimentos, problemas ou dificuldades não se prenda a eles, não os prenda a si. Tente resolvê-los da melhor maneira, mas não permita que eles grudem em você. Procure sorrir sempre e passar para os outros uma vibração otimista para que eles se contagiem e a devolvam a você, ajudando-o a manter um estado de espírito positivo.

Orgulho

Quase todas as pessoas na Terra possuem orgulho. Esse é um valor negativo que se instala na alma como a massa que segura os tijolos da auto-afirmação. Na verdade, é sinal de imaturidade espiritual.

Nós vivemos aquela fase da evolução em que estamos nos construindo como indivíduos. Por isso sentimos tanta necessidade de nos afirmar diante dos outros, como alguém que pode superá-los, ou pelo menos, assemelhar-se a eles.

Mas, conforme vamos evoluindo começamos a compreender a futilidade de tais atitudes. Percebemos então, o quanto é mais importante amar e, amando, não desejamos exibir nossos predicados ou aquisições como fatores de comparação entre nós e o próximo, mesmo porque, se observarmos a grandeza espiritual daqueles que estão acima de nós, acabamos sentindo vergonha de nossa pobreza interior. É assim como recebermos a visita de um criador de gado de raça e querermos mostrar-lhe vaidosamente as cabras "pé duro" do nosso quintal.

Quanto aos que se orgulham da beleza física, dos bens que possuem, ou das posições que alcançaram na vida, estão apenas sendo tolos, porque não ignoram que seus corpos, mais cedo ou mais tarde, acabar-se-ão na sepultura, do mesmo jeitinho que os de todas as demais pessoas. Sabem também que para o "outro lado da vida" só se levam os valores do espírito. O mais poderoso ser humano da Terra não escapa à doença, à dor e à morte. Por que então o orgulho? Só porque alguém possui mais bens, é bem-sucedido profissionalmente, ou por que é mais inteligente?

Mas o orgulho não está apenas nos corações daqueles que possuem predicados físicos, venceram na vida, ou já nasceram vencedores.

É comum encontrar-se mendigos andrajosos estendendo a mão para a esmola, mas com o olhar carregado de orgulho. São, certamente, criaturas que reencarnaram por longas etapas no topo da vida, como pessoas bem sucedidas, e que a administração superior entendeu chegada a hora de começarem a renascer em condições adversas, no seio da pobreza ou da miséria, porque todos os seres humanos precisam vivenciar todas as condições que o nosso planeta oferece ou impõe. Não há criaturas mais ou menos favorecidas. Todos somos iguais diante de Deus. Todos temos os mesmos direitos e os mesmos deveres.

Os Espíritos Superiores vêem as pessoas pelos seus valores morais, pelas qualidades da alma, por sua conduta, e não pelas posições terrenas.

Depois da morte nós vamos encontrar no mundo espiritual a situação que merecemos pela nossa vivência na Terra. Não importa se fomos ricos ou pobres, cultos ou ignorantes, belos ou feios. As posições sociais também nada valem depois da morte. São apenas as nossas ações, o nosso viver bom ou mau, que vão determinar a felicidade ou infelicidade, não apenas no mundo espiritual, mas também nas futuras encarnações.

O orgulho, além de tolice, é grande entrave à nossa evolução. Por causa dele milhões de pessoas sofrem terrivelmente depois da morte. Por causa do orgulho milhões de pessoas reencarnam despojadas de tudo, vivendo na miséria e na ignorância, não como castigo mas como fator educativo.

Compadece-te de ti mesmo e transforma o ódio em fraternidade, a violência em respeito aos direitos do outro, a injúria em caridade e o orgulho em humildade.

Essa é a melhor ação que podes fazer em teu próprio benefício.

Muita gente morre de vontade de saber quem
foi em suas vidas passadas,
esperando sempre encontrar-se como
alguém famoso ou importante.
Mas, o que importa saber quem fomos?
Importante é saber honrar o que somos hoje
para que venhamos a ser melhores no futuro.

Doutrina de luz e amor

A reencarnação e a lei de causa e efeito representam conhecimentos dos mais importantes que a humanidade já recebeu. Conhecendo-as, podemos entender o porque das nossas lutas, enfermidades, sofrimentos e frustrações.

Descobrimos que tudo o que estamos vivenciando agora é o resultado de nossas ações, nesta e nas vidas passadas, e que hoje estamos construindo o nosso futuro podendo, assim, alongar o olhar pelos horizontes do porvir, na verde luz da esperança.

Quem pode deixar de apaixonar-se pela doutrina espírita depois que começa a estudá-la e passa a compreender as mais intrincadas questões da vivência humana, como sendo parte do programa perfeito da nossa evolução?

Quem pode deixar de amar Deus depois que começa a tomar conhecimento de como as suas leis são justas, sábias, amorosas e perfeitas?

Quem pode deixar de amar os Espíritos Superiores depois que passa a conhecer suas infinitas atividades em nosso benefício e a sua imensa dedicação e amor por nós?

Quem estuda esta doutrina de luz, assimilando seus valores, passa a viver numa dimensão muito maior de entendimento, onde a harmonia, o amor e o contentamento habitam.

Agenda Mínima para evoluir

Para finalizar este trabalho, repassamos a você, caro leitor, um resumo da ***AGENDA MÍNIMA*** *para evoluir.*

É uma proposta evolutiva cujo diferencial está na priorização do crescimento interior a partir dos **estados de espírito,** que são o fundamento de todos os nossos movimentos de vida. Outro diferencial é o fato dela resumir todo o processo de crescimento interior, que demandaria um número infinito de ações, em **apenas quatro** pontos essenciais e **três** complementares.

Os pontos essenciais são:

Afetividade – procurar sempre desenvolver esse valor nos estados de espírito. É o mais importante de todos.

Alteridade – Representa o respeito que devemos ter para com todos, além da disposição para aceitar e aprender com os que são e pensam diferente de nós. É também a construção da fraternidade **apesar das divergências**, respeitando-as e procurando aprender com as diferentes opiniões. Mas não significa deixar de discutir, debater, questionar. A discussão, o debate e o questionamento são saudáveis quando se respeita o outro, a sua maneira de ser e de pensar. É, sem dúvida, o veículo capaz de conduzir a humanidade para a tão esperada nova era.

Humildade – É uma percepção clara da nossa real condição. Nem para mais, nem para menos.

Se for para mais, nos levará ao orgulho, porque pensar que somos mais evoluídos do que nossa realidade, acarreta envaidecimento. Se forçarmos nossa percepção para menos, isto nos levará a uma situação irreal e à diminuição da nossa auto-estima, o que é prejudicial para nossa vida e evolução.

Contentamento – O coroamento dos valores da alma está no contentamento, que é nossa vibração de vida.

Um estado de espírito vibrando com **afetividade, alteridade, humildade** e **contentamento**, representa um grande passo no rumo do crescimento espiritual.

Pontos complementares:

O primeiro dos pontos complementares é o **equilíbrio,** um dos mais importantes valores do ser, por possibilitar maior número de acertos e evitar muitas quedas. É irmão gêmeo da sabedoria.

Nos pontos apresentados até agora o equilíbrio deve sempre estar presente:

Na *afetividade,* norteando os envolvimentos de forma a não transformá-la em algemas, ou em dependência de qualquer natureza.

Na *alteridade* é fundamental para orientar nossas reflexões, debates ou discussões com serenidade, isenção de ânimo e maturidade, possibilitando gerar as mais acertadas conclusões.

Na *humildade* é o suporte necessário para não cairmos nos extremos, sempre prejudiciais.

No *contentamento* evita exageros e falsas exibições.

Em todos os atos e passos do nosso existir o equilíbrio é valor fundamental, porque nos proporciona um alicerce necessário ao correto entendimento de tudo. Representa a maturidade despontando em quem o possui.

O segundo dos pontos complementares é o **compromisso.** Nos sentirmos comprometidos com as atividades benfeitoras assumidas, sejam espíritas ou não; comprometidos com nossa própria evolução pessoal, priorizando-a em todos os momentos e em quaisquer situações.

O último ponto complementar está nas **atitudes.**

Para alavancar a evolução espiritual é necessário que os propósitos evolutivos se transformem em atitudes. Caso contrário, ficarão só em teorias.

Assim, com estes sete pontos na mente, bem memorizados, é só começar a trazê-los para o cotidiano, procurando desenvolver continuamente estados de espírito **afetivos, alteritários,** de **humildade** e de **contentamento**; ter como diretriz o **equilíbrio,** e **comprometer-se** com a própria evolução e com as responsabilidades que cabem a cada um, materializando esses propósitos em **atitudes**.

Observação:

O livreto AGENDA MÍNIMA para evoluir, além de outros opúsculos, pode ser "baixado" da Internet: www.mundoespiritual.com.br

Campanha de Preservação da Vida
EDITORA ALIANÇA
Tema: ABORTO

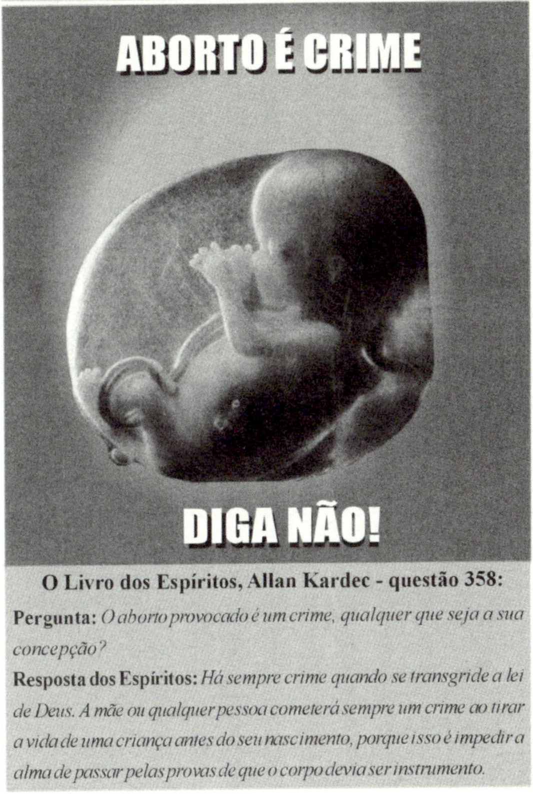

O Livro dos Espíritos, Allan Kardec - questão 358:

Pergunta: *O aborto provocado é um crime, qualquer que seja a sua concepção?*

Resposta dos Espíritos: *Há sempre crime quando se transgride a lei de Deus. A mãe ou qualquer pessoa cometerá sempre um crime ao tirar a vida de uma criança antes do seu nascimento, porque isso é impedir a alma de passar pelas provas de que o corpo devia ser instrumento.*